KB040420

신국 일본神國日本

국립중앙도서관 출판시도서목록(CIP)

신국 일본
지은이: 사토 히로오; 옮긴이: 성해준
– 서울: 논형, 2014
　　p. ;　cm. – (논형일본학: 35)

원표제: 神國日本
원저자명: 佐藤弘夫
일본어 원작을 한국어로 번역
ISBN 978-89-6357-418-9 94910 : ₩20000

일본사[日本史]
전근대 사회[前近代社會]

913-KDC5
952-DDC21　　　　　　　　CIP2014020004

신국 일본神國日本

사토 히로오 지음/ 성해준 옮김

논형

神國日本

by Hiro Sato

ⓒ 2006 by Hiro Sato

Originally published in 2006 by Chikumashobo Publishers, tokyo

This Korean language edtion published in 2014 by Nonhyung, Seoul

by arrangement with the proprietor c/o Chikumashobo Publishers, tokyo.

신국 일본神國日本

초판 1쇄 인쇄 2014년 7월 10일

초판 1쇄 발행 2014년 7월 20일

지은이 사토 히로오

옮긴이 성해준

펴낸곳 논형

펴낸이 소재두

등록번호 제2003-000019호

등록일자 2003년 3월 5일

주소 서울시 관악구 성현동 7-77 한림토이프라자 6층

전화 02-887-3561

팩스 02-887-6690

ISBN 978-89-6357-148-9 94910

값 20,000원

저자 서문

  과거 일본에 의한 식민지 지배의 고통을 경험한 한국의 여러분들께서는 해외침략의 슬로건이었던 '신국일본(神國日本)'은 가장 듣기 거북한 말일지도 모르겠습니다. 오늘날 일본에서도 이 말이 공공장소에서 거론되는 일은 거의 없습니다. 왜냐하면 '신국(神國)'은 대다수의 일본인에게는 1945년 이전에 일본이 걸어온 잘못된 길을 떠오르게 하는 치욕스런 말이기 때문입니다.

  그러나 이 책은 감히 '신국'을 테마로 하였습니다. 그 이유는 8세기부터 일관되게 계속 사용해온 '신국'이라는 이 말에서 과거에 갖고 있던 이미지와 다른 의미를 찾는 동시에 근대에 이르러 그 변용의 과정을 분명하게 하고 싶었기 때문입니다. 또 이 작업을 통해서 '신', '국가'라고 하는 사상의 중요한 관념의 역사적인 변천을 분명하게 할 수 있다고 생각했기 때문입니다.

  우리들은 이런 점을 잊어버리기 쉽습니다만, 근대와 전근대의 세계관은 완전히 이질적인 것입니다. 고대나 중세의 사람들은 우리들과는 다른 것을 보고, 다른 소리를 듣고, 다른 가치관 속에서 살았습니다. 이 책에는 전근대의 세계관이 갖고 있던 보편성과 관용성을 다시 밝히는 것을 하나의 목적으로 하고 있습니다. 그것이 왜곡

되어 독선적인 내셔널리즘에 굴복해가는 과정을 해명하고, 우리들이 살고 있는 '근대'라고 하는 시대를 역사적으로 상대화하는 것과 동시에 그 이상함을 부각시키고자 합니다.

유감스럽게도, 지금 여전히 일본과 한국 사이에는 여러 가지 과제가 남아있습니다. 그러나 어떠한 곤란한 문제가 있어도 매년 100만 명 이상의 양 국민이 왕래하는 시대가 된 것은 부정할 수 없는 사실입니다. 일본 TV에서 한국 드라마가 방영되지 않는 날은 거의 없습니다. 거리를 걸으면 한국 연예인의 포스터가 붙어 있고, K팝이 흐르고 있는 것이 일상의 광경이 되었습니다.

지금 우리들이 요구하고 있는 것은 한 때의 감정으로 흘려버리는 것이 아닌, 근원적인 차원에서의 우호와 신뢰 구축입니다. 이것을 위해서는 상호 보다 깊은 이해가 필요합니다. 이 책이 그 일조를 한다면 큰 기쁨으로 생각하겠습니다.

필자도 한국 드라마, 특히 역사물을 자주 봅니다. 이 드라마에서도 '신국'이라는 말이 나오는 장면을 몇 번이나 본 적이 있습니다. 언젠가 양국의 '신국사상'에 관해서 한국 학자들과 학술적인 논의가 있기를 바랍니다.

이미 출판한 『일본열도의 사생관(日本列島の死生觀)』에 이어서 이 책의 번역도 신뢰하고 존경하는 성해준 교수에게 부탁하였습니다. 성 교수의 정성을 다한 노력에 대해 충심으로 감사드립니다.

2013년 8월

사토 히로오(佐藤弘夫)

역자 서문

　'일본사상'의 전통은 그 정통성을 인정하려고 하는 관점과 전통은
후대에 들어와서 만들어진 픽션이라는 관점의 두 견해가 있다.

　먼저 전통을 인정하는 관점은 에도(江戶)시대 국학 이래의 전통을
가진 발상으로 유교 · 불교 · 기독교와 대립하는 논리이다. 즉 유교
나 불교를 외래의 것이라고 구분 짓고, 신(神) 혹은 신도를 일본 고
유의 것으로 간주하며, 태고 시대로부터 현대까지 일관되는 일본사
상의 특색을 표출하려고 하는 입장이다. 일본문화의 핵심에는 신도
로 대표되는 고유의 원리가 작용하고 있으므로 그것을 둘러싸고 있
는 외래의 요소를 벗기기만 하면 일본문화의 수맥을 용이하게 발견
할 수 있다는 견해다. 비유하자면 쇼윈도의 마네킹이 계절에 따라
옷을 바꿔 입지만 본체는 언제나 변함없는 마네킹인 것과 같다는 뜻
이다.

　다른 하나의 관점은, '일본사상'의 전통은 근대에 들어와서 만들어
진 픽션이고 실체는 없다는 견해다. 즉 '일본사상'의 구성요소가 '전
통'과 '외래'의 구분 없이 계속해서 해외로부터 유입되는 사상을 수용
하는 과정에서 이루어진 것으로 일본적 사상의 독자성을 추구하려는
것이다. 여기에서는 유교나 불교의 사상적 요소의 공존을 긍정적으

로 평가하고 있다. 그러나 사토 히로오 교수는 위의 두 견해에 강한 위화감을 가지고, 일본사상을 신도·유교·불교·도교 등의 여러 요소로 나누어 파악하려고 하였다. 그러한 사상적 요소를 조합하는 것에 의해 일본사상의 전체상이 재구축된다고 하는 주장으로 그 과제를 해결하기 위한 노력과 성과가 바로 이 '신국사상'이다.

신국사상은 선민사상의 일종으로 다양한 모습으로 고대에서부터 현대까지 이어져왔다. 그러므로 신국사상은 일본열도의 사상과 문화를 총체적으로 파악하기 위한 중요한 소재의 하나이다. 이 신국사상의 출현은 일본을 천지자연의 여러 신들이 수호하는 신성한 나라로 생각하고, 천황을 신의 자손으로 신성시하는 관념과 함께했다. 공식적인 신국사상의 등장은 8세기 『니혼쇼키(日本書紀)』의 건국신화를 시작으로, 신공(진구, 神功)황후 섭정전기 신라 정벌기사의 신국이라는 말을 그 원류로 한다. 신공황후가 신들의 계시를 받아 임신한 몸으로 신라를 침공하니 신군의 위세에 눌린 신라왕이 "동쪽에 있는 신국 일본의 성왕 천황의 신병(神兵)일 것이니 막을 수가 없다"며 항전을 포기하고 일본에 복속되어 신하가 되었는데, 일본은 거기에 임나일본부를 설치하여 삼한인 신라, 백제, 고구려를 지배하였다는 설화이다.

『니혼쇼키』의 건국신화와 신공황후 삼한정벌 설화는 고대로부터 가마쿠라(鎌倉)시대 전기에 이르기까지 줄곧 역사의 근저에 흐르면서 외래문화가 영향을 미칠 때마다 역사의 표면에 나타났다. 곧, 신성한 국토를 일본고유의 신들이 수호한다는 사유로 불교사상도 영향을 미치면서 신국사상은 더욱 더 고양되었다.

일본 불교의 세계관에는 일본은 인도라고 하는 세계의 중심에서 멀리 떨어진 큰 바다 가운데의 작은 섬(栗散邊土觀)이고 악인들이 무리지어 사는 세기말의 암흑사회라는 관념이 있었다. 이때 불교의 강렬한 구제염원의 일환으로 전수염불(專修念佛)에 의해 왕생을 기원하는 왕생신앙이 급속히 퍼졌는데, 여기에서 일본 고유의 신은 변방에 사는 일본인들을 구제하고자 모습을 바꾸어 나타난 부처의 화신이라는 혼치스이자쿠(本地垂迹)설에 의해 말법세계의 구제자 역할을 하게 된다.

이러한 신국관은 가마쿠라시대 후반에 들어와서 몽고침략이라고 하는 대외적인 위기상황에서 두 번에 걸친 몽고의 일본침략이 태풍에 의해 실패하자 일본 고유 신의 위력에 의해 퇴치된 것으로 인식하게 되었다. 그리하여 그 신불의 위력을 굳게 믿고 신불에게 전승기원을 올리는 과정에서 "몽고의 탐욕스러운 오랑캐들이 어리석게도 신국에 적대하여"와 같은 과격한 표현으로 몽고침략이라는 위기상황에서 정신적인 의지처로서 일본 국토를 신의 자손이 군림하고 신들이 수호하는 성지로 생각하며 다른 나라에 대한 강렬한 자국우월 사상을 가지게 되었다. 나아가 몽고습래(蒙古襲來)인 여몽연합군의 일본침략 시도를 계기로 일본 중세문학의 전설이나 설화에서 조선을 일본의 하수인인 개나 혹은 역병을 옮기는 역겨운 도깨비로 표현하는 멸시관이 나타나게 된다.

그 후 가톨릭을 중심으로 한 서구세계와의 본격적인 만남이 이루어진 아즈치모모야마(安土桃山)시대의 위정자인 도요토미 히데요시(豊臣秀吉)는 일본 신국론을 주장하며 픽션인 신공황후 설화를 정치적으로 이용하였다. 그리하여 신국의 세계 대전략이라는 야심 찬 계획의 계시로 조선의 강산을 초토화시킨 임진왜란을 발발 시켰다.

토요토미 정권을 무너뜨린 근세 에도(江戶)시대의 도쿠가와 정권에서는 친조선 정책하에 정치적·경제적 안정과 함께 유학자들 사이에서 퇴계를 중심으로 한 조선 주자학에 대한 관심과 존경의 마음이 있었다. 그러나 그것도 중기 이후 어느 시점에선가 일부 국수주의 지식인들의 자국 중심주의적인 사상적 주장을 비롯하여 민중의 제례(祭禮)나 신앙 등의 세계에서 신국사상에 의한 조선멸시관이 싹트기 시작하였다. 그리하여 당시 친선 외교경제 사절단으로 조선정부가 파견한 통신사의 일본 방문을 내부적으로는 조공사절단이라며 막부에 잘 따르지 않던 다이묘(大名)들에게 막부의 권위와 무위(武威)를 인식시키고, 일반 민중들에게는 나약한 조선이 강한 신국일본에 대한 조공의 예를 갖추기 위한 것으로 만약 조선이 신종(臣從)의 예의를 갖추지 않으면 임진왜란 때처럼 일본의 장군은 조선을 다시 정벌한다는 허상을 심어주었다.

그렇게 변질된 신국사상에 의한 조선멸시관은 에도시대 말기, 막번 체제의 동요와 서구열강으로부터의 대외적인 위기 상황에 봉착했을 때, 국학자·양명학자·신도가들의 우익사상의 근저에도 현저하게 나타났다. 구체적으로 조선 멸시관을 내세운 구마자와 반잔을 시작으로 야마가 소코, 하야시 시헤이, 아라이 하쿠세키, 요시다 쇼인 등은 전설 속의 고대 일본 신공황후의 한반도 침략을 찬미하였다. 즉, 조선·신라·백제의 일본 번신(藩臣)설과 고려의 일본 속국설을 내세워 조선은 옛날 일본천황의 신하로 복종했는데 지금은 거만해져 있다며, 러시아의 남하와 그에 대비한 해방론(海防論)이 주장되는 가운데 '조선침략론'으로 구체화시켰다.

이러한 신국 관념은 새로운 국가체제의 위기를 극복하고 번(藩)을 초월하여 일본국의 중추로 천황을 그 중심에 두려고 하였다. 특히 천황제 언급은 신국의 기억을 새롭게 환기시키는 것으로 근대의 명치정부는 유신 이후 표면적으로 신국이 천황의 나라라고 하는 기본 노선은 계승하면서도 그 내용물을 다른 것으로 하려고 신불분리령(神仏分離令)을 시도하였다. 이 신불분리령에 의해 일련의 법령을 반포하여 천황을 중심으로 신생일본국의 아키츠미카미(現御神), 즉 근대 천황제에 어울리는 현인신(現人神)으로서의 천황의 권위를 지탱하는 신들의 세계를 재구축하고 새로운 신화 창조과정에서 신사나 신기신앙에 대한 불교의 영향 배제를 강행했다.

동시에 서세동점의 대외인식 속에서 신국사상은 정한론(征韓論)을 지지하고, 고대의 신공황후 신라침략 신화를 국민통합의 상징으로 삼았다. 급기야는 이전 전국시대의 도요토미 히데요시와 같이 신국일본이 세계를 리드할 사명이 있다는 괴변으로 변해 대외침략과 타민족지배를 정당화하게 되었다. 명치정부의 조선 식민지 지배역시 신공황후의 옛 땅을 되찾는 것이라고 미화하며 이른바 '신공황후의 삼한정벌'이 학교교육을 통하여 조선민족과 조선 역사에 대한 멸시와 편견을 확대시켰다. 그 극단적 사건으로 쇼와(昭和)시대의 관동대지진과 연결된다. 지진의 큰 혼란 때에 신국의 우등민족인 황국의 신민에게 하등민족인 조선인이 위기를 틈타 폭동과 우물에 독약을 뿌린다는 유언비어에 의해 군관과 민간인이 동원된 조선인 양민학살이 벌어진 것이다. 또 이러한 신국사상은 제2차 세계대전 발발 전후에 크게 클로즈업되어 천황제 국가를 뒷받침 하는 기본적인 이념이 되었다. 이때 신국이라고 하는 것은 일본열도에 살고 있는 사람들을 신성시하고 다른 여러 민족들과 구별하려고 하는 선민사상의 근거가 되었다. 그리하여 신사참배 강요나 강제 징집, 가미카제(神風) 특공대로 유명한 군국주의 사상에도 신국사상이 큰 영향을 미쳤다.

그러나 이러한 신국 관념도 1945년 8월 15일 일본의 패전을 맞아 공식적으로는 맥이 끊어지고 일부학계에서만 간헐적으로 언급되어 왔는데, 2002년 5월 당시 총리대신이었던 모리 요시로(森喜郞)의 '일본신국' 발언으로 현재에도 일본인들의 사고에 이 관념이 존재하고 있다는 사실을 여실히 보여 주었다.

최근 동아시아 관계에 악영향을 미치는 일본의 과거사문제, 우익정치가들의 정치적 발언과 야스쿠니 신사참배의 근저에도 이 사상이 깔려있고, 일반 민중들에게 의식·무의식적으로 잠재하고 있는 우경화 의식에도 이 신국사상이 잠재하고 있다는 것을 알 수 있다.

한편 현재의 보통 일본인들에게 믿는 종교를 물어보면 대부분의 사람들은 당황하거나 무교라고 대답하는 경우가 많다. 그러나 앞에서 본바와 같이 일본인들의 일상생활은 신과 깊이 관련되어있다. 주지하는 바와 같이 일본 사람들은 거의 매일 집안의 불단에 합장하거나 신단에 들러 가내안전(家內安全)과 평화 등을 위해 기도한다.
또 크리스마스 시즌에는 크리마스 케익을 먹으며 케롤송을 흥얼거
리지만, 그렇다고 하여 일본인들이 반드시 특정 종교를 신봉하는
것은 아니다. 불교 · 기독교 등 특정 종교를 믿는 사람은 적지만 많
은 사람들은 모든 신을 좋아하고 깊이 의식한다.

　이러한 신(神) 관념은 어쩌면 신과 동격으로 생각한 천황제가 표
면상으로 고대부터 현재까지 건재하기 때문일지도 모른다. 일본인
에게는 공통적인 인격신인 천황의 조상신(아마테라스오미카미, 天
照大御神)이 존재하고, 이른바 곳곳에 내재하고 있는 모든 신을 의
식 · 무의적으로 존중하는 생활이 유지되는 것도 큰 이유 중의 하나
라고 생각한다. 그러한 습속이 이어져 현재까지도 일본인들은 특정
종교의 유일신보다는 일상생활에 내재하고 있는 모든 신을 자연스
럽게 믿고 의지하는 생활을 하고 있다. 일상에서 신이 함께하고 있
다는 일본인들의 이러한 신(神) 관념은 세계 다른 어느 민족보다 비
교적 근면 · 정직 · 성실한 성품을 형성하는 데 큰 역할을 하였다. 매
사에 묵묵히 맡은바 소임에 최선을 다하는 일생현명(一生懸命)의 정
신 역시 이 신국사상의 신에 대한 경외(敬畏)심에서 비롯된 것이다.
또 이러한 신에 대한 보편적 사고가 다른 사람이 믿는 종교에 대해
서도 관용 · 포용적으로 되어 자연스럽게 타인에 대한 배려로까지
이어진다고 생각한다.

　『신국일본』(『神國日本』, ちくま新書, 2006年 4月), 이 책의 저자,
도호쿠대 일본사상사 연구실 주임 교수이자 문학연구과장(학장)인
사토 히로오 교수는 후덕한 인품의 소유자로 한일관계에 있어서도

보편적이고 객관적인 견해를 가진 학자이다. 이 책에서 다루는 신국사상에서도 종래의 통설에서 '고유의 신도적'이라고 하는 것에 대해 신국 관념이 불교의 전래시기와 때를 같이 하고, 그 관념에 대해서도 종래의 국수적인 설을 배제하고 객관적이고 균형 있는 관점으로 전개하고 있다. 동시에 고대의 역사서인『고지키(古事記)』,『니혼쇼키(日本書紀)』를 시작으로 중세, 근세, 근대, 현대에 이르기까지 역사적 변천과정에서 수용 변용된 신국 관념을 독창적 시각으로 흥미롭게 서술하고 있다. 이런 점에서 신국의 역사와 신국사상의 근원을 총체적으로 망라한 이 책이 한국 학계에 주는 시사점이 클 뿐만 아니라 일반인들의 일본 신국사상의 역사적 흐름을 이해하는 데도 중요한 길잡이가 될 것으로 생각한다.

   역자가 이 책을 접한 것은 2009년 12월 도호쿠대 대학원 일본사상사 연구실 객원연구원으로 방문하였을 때이다. 연구실 도서관 책꽂이에 진열된 책을 훑어보다가 일본 유학시절부터 존경했던 사토 교수의 저서라 관심을 가지고 읽기 시작하였다. 그 자리에서 반을 읽고 집에 돌아와 마저 읽고는 한국 독자들에게도 도움이 되겠다는 생각에서 번역하기 시작했다. 귀국 후 강의와 사소한 일에 얽매어 완성된 원고를 몇 년간 잊고 있다가 이제야 정리하여 출판에 이르게 되었다.

   올해 2014년은 역자가 1985년 3월 15일 일본에 처음 입국한 후, 약 15년 가까운 일본생활을 하고 귀국 후 한국에서 생활한지 15년을 맞이하는 의미 있는 해이기도 하다. 그러한 의미에서도 아무쪼록 본 역서『신국일본』이 일본사상과 문화 이해에 도움이 되어 한일

관계가 가깝고도 가까운 진정한 일의대수(一衣帶水)가 될 것을 염원한다. 아울러 흔쾌히 출판을 허락하여 주신 논형출판사의 소재두 사장님께 심심한 감사의 뜻을 전한다.

2014년 4월 吉日

성해준(成海俊)

차례

1장 변동하는 신들의 세계

1. 고대적 신기질서(神祇秩序)의 형성

2. 중세적 신기제도에의 이행

3. 신들의 반란

4. 토지를 지배하는 신들

5장 소외되는 천황

1. 신에서 인간으로

2. '벌거숭이 임금'으로서의 천황

3. 신국 안의 천황

4. 왜 천황이 필요했던 것인가

종장 신국의 행방

1. 내셔널리즘과 인터내셔널리즘의 사이에서

2. 신국사상의 역사적 전개

3. 자국 중심주의로의 선회

4. 신국사상과 현대

나오면서 226

들어가면서

일본인이라면 누구나가 한 번쯤은 '신국사상(神國思想)'이라는 말을 눈으로 접하거나 귀로 들어본 적이 있을 것이다. '신국사상'이란 그 정도로 널리 알려진 이념이다. 그것은 단지 유명한 것만이 아니다. '신국'이라고 하는 말은 지금도 여전히 일본인들에게 어떤 특별한 감정을 일으키게 하는 힘을 가지고 있다. 그러나 우리들은 이 '신국사상'에 관해서 얼마나 정확한 지식을 가지고 있을까? 여기에는 의문점이 많다.

'신국(神國)'론의 현실

신국사상이 등장한 것은 아득한 먼 옛날의 일이 아니다. 근대 일본에서도 이 신국사상이 크게 클로즈업 된 시기가 있었는데 그것은 바로 제2차 세계대전 발발 전부터 전쟁 중에 걸쳐서의 일이다. 이때 '신국', '신주(神州)'라고 하는 것은 다른 나라에 대한 일본 우월주의의 근거가 되는 논리가 되었다. 그리하여 신국일본이 세계를 이끌어갈 사명이 있다는 생각으로 탈바꿈하고 나아가 그러한 사고가 대외침략과 타민족 지배를 정당화하게 된 것이다.

1945(昭和 20)년 8월 15일 패전을 맞은 일본은 침략전쟁에 대한 반성의 여론이 조성되는 가운데 일본을 신국으로 하는 이념의 맥은 일단 끊어진 것으로 보였다. 그러나 2002년 5월에 당시 일본의 수상 모리 요시로(森喜郎)의 일본='신의 나라(神の國)'라는 발언은 아직까지도 여전히 신국사상이 일부 일본인들의 사고에 존재한다는 사실을 증명하기에 충분했다. 모리(森) 씨의 발언에 대한 일본사회의 찬반양론의 입장에서의 격렬한 논의는 신국사상이 대부분의 일본 사람들에게 아직까지 과거가 아님을 재인식 시켰다.

이와 같이 현재까지도 강한 인상을 주는 신국사상이지만 오늘날의 일본인들에게 '신국사상이란 무엇인가'라는 물음을 던져보았을 때 돌아오는 말은 아마도 각양각색일 것이다. 실제로 '신국'을 자주 입에 담는 사람들조차 이 '신국'의 해석과 평가에 관해서는 각자가 독자적인 견해를 가지고 있는 것이 현실이다.

모리(森) 씨의 '신의 나라(神の國)' 발언과 관련된 논의가 큰 관심을 받으면서도 찬반양론의 입장에서의 주장이 충분히 절충되지 못한 것도 사용자마다 서로 다른 견해의 '신국'관이 크게 작용한 것으로 생각한다.

전문가가 생각하는 신국

지금 나는 일반적인 일본사람들이 생각하는 신국의 이미지에 대한 견해 차이와 동요를 지적하였다. 그러면 신국사상을 자료에 준해서 실증적으로 연구하고 있는 학문의 세계에서는 신국=일본의 이념을 어떻게 파악하고 있는 것일까. 실은 신국사상에 관해서는 연구자들 사이에서도 다양한 의견이 교착하여 아직까지도 그 평가가 일정하지 않은 것이 현실이다.

제2차 세계대전 전과 전쟁 중의 일본에서는 일본=신국론은 천황제 국가를 밑받침 하는 기본적인 이념이었다. 그것은 아무도 의심할 수 없는 역사적 진실 그 자체였다. 학문은 그 진실을 증명하기 위해 존재하는 것일 뿐 비판적·객관적 입장에서 신국사상을 검정하는 것은 전혀 불가능 하였다. 일본 국어학의 야마다 요시오(山田孝雄)나 역사학의 나가누마 겐카이(長沼賢海)라고 하는 저명한 학자들도 특히 신국에 관해서는 학문적인 입장을 표명하면서도 그 진정한 정신을 명확하게 하는 것은 불가능하였다.

그러나 그러한 상황은 패전을 맞이하면서 전혀 다른 양상으로 바뀌어 버렸다. 즉 국가주의의 융성에 의한 신국사상의 앙양은 전쟁이 끝남으로 인해 종지부를 찍게 되었다. 이 사건으로 인해 일본의 역사학은 천황제의 주박(呪縛)으로부터 겨우 해방되었다. 이로써 신국사상을 실증적인 연구의 도마 위에 올릴 수 있는 객관적 조건이 겨우 정비된 것이었다.

분열된 평가

패전을 계기로 사회정세의 변화를 배경으로 하는 전후가 되면 신국사상의 내용과 구조를 분석하고 그것을 역사적으로 위치지우려고 하는 연구가 연이어 출현한다. 그러한 연구의 관심은 우선 일본에서 처음으로 본격적인 신국사상이 융성한 시대로 간주되는 가마쿠라(鎌倉)시대로 향하게 되었다.

그 연구에 힘입어 전후 최초로 학계를 지배하는 학설은 신국사상을 고전적인 지배세력의 반동적인 이데올로기라고 보는 것이었다. 일본=신국의 주장은 옛날부터 일본에 군림하여 온 천황의 존재와 아주 밀접하게 관련하고 있다. 또 그것들이 왕성하게 논의된 것도 주로 교토(京都)의 구게 정권측(公家政權側)으로부터였다. 그 때문에 신국사상은 시기적으로는 중세 가마쿠라시대에 논하여진 것이라 할지라도 고대 이래의 잔존세력인 조정(朝廷)이 자신의 입장을 정당화하기 위해 제창된 '고대적' 사상이라고 생각하였던 것이다.

그러나 그 후, 연구의 진척에 따라 가마쿠라시대의 구게정권을 '고대적'으로 간주하는 견해는 일본사 연구자들 사이에서 점차로 지지를 잃어갔다. 구게정권도 또 헤이안시대 후반에 일어난 사회구조의 전환에 대응하여 큰 변모를 이룬 양상이 분명하게 되어 무가정권(武家政權)과 함께 신국사상도 일변하여 '중세적'인 이념으로 규정되게 되었다.

이 책의 과제

지금 나는 근현대의 일본에 있어서 신국의 문제가 어떻게 수용되어왔는가를 개관하였다. 그래서 우선 생각나는 것은 신국사상을 논할 때, 그것이 좋은가 싫은가? 그것을 용인하는가 부정하는가?라는 태도가 앞서 있어 일본=신국의 주장이 실제로 어떠한 논리구조를 가지고 있는가. 이 점에 관해서 역사학을 시작으로 하는 학문분야에 있어서도 오로지 신국사상을 역사적으로 어떻게 평가하는가(고대적인가 중세적인가)라고 하는 점에 문제의 관심이 집중되어 있어 신국사상의 핵심을 정확하게 파악하고, 논하기 어려운 점이 있다. 그 결과 신국사상에 대한 '반동적'·'침략적'이라고 하는 다양한 수식어가 붙여져도 '고대적인 신국사상이라고 하는 것은 무엇인가', '중세적인 신국사상의 특색은'이라고 하는 가장 기본적인 의문에 대해서조차 오늘날 학계에서는 아직 일관된 해답을 제시하지 못하고 있다.

과연 신국사상은 그 실체에 관한 논의의 여지가 없을 정도로 자명한 것일까. 나는 그렇게 생각하지는 않는다. 우리들은 신국사상을 이래저래 평가하려고 하기 전에 신국사상 그 자체의 내용분석에 관심을 가지고 정면으로 접근해볼 필요가 있다고 생각한다.

이러한 문제의식을 언급하면서 나는 이 책에서 처음으로 본격적으로 신국사상이 갑자기 흥하게 되었다고 하는 중세 가마쿠라시대를 중심으로 그 사상의 형성과정과 사상 구조를 상세하게 규명해보려고 한다. 그리고 중세와 고대의 신국 관념은 어떻게 다른가. 또한 차례 확립된 신국사상이 가마쿠라시대 이후 근대에 이르기까지 어떻게 변화해왔는지에 관해서도 대략의 취지를 제시하려고 한다.

오늘날에는 세계적으로 내셔널리즘의 불꽃이 타오르고 있는데, 이 내셔널리즘의 원점이라고도 할 수 있는 신국사상을 생각할 때, 공통의 토대를 제공하는 것을 목적으로 하고자 한다.

서장
신국사상 · 재고에의 길

北斗曼荼羅(東京藝術大學)

신국사상은 지금까지 너무나도 자주 정치적인 논의의 대상이 되었다. 그 때문에 이 사상을 새롭게 생각하기 위해서는 거기에 달라붙어 있는 상식이나 선입관의 때를 한번 완전하게 씻어낼 필요가 있다. 그 위에 구체적인 용례를 언급하면서 가장 기초적인 단계에서 하나하나 확실한 고증을 거듭하지 않으면 안 된다.

1. '신국'의 상식을 의심하다

현대인이 가지고 있는 신국의 이미지

신국사상에 관한 실제의 고찰에 들어가기 전에 독자 여러분들에게 부탁할 것이 하나 있다. 그것은 이 책을 읽어가면서 미리 '신국'에 대해서 가지고 있던 일체의 상식과 선입관을 버려주기를 바라는 것이다.

나는 먼저 현대인이 '신국'에 대해서 품고 있는 이미지의 다양성을 지적한다. 그러한 가운데 굳이 일반 국민의 최대 공약수적인 신국 이해를 키워드로 하여 나타낸다면 '천황'과 '내셔널리즘'이라고 하는 말이 떠오르는 것이 아닐까 생각한다.

1937(昭和 12)년에 전쟁의 기운이 점점 더 깊어져가는 가운데 문부성은 한 권의 책을 간행하여 각지의 학교나 관청 등에 배포했다. 그것은 『국체의 본의(本義)』이다. '국체를 밝고 맑게 하여 국민정신을 함양진작' 하기 위해 편찬된 이 책은 이후 교육의 기본 정신이 되었다.

그 본문 중에 '우리나라는 현인신(現人神, 아라히토가미)이신 천황이 통치하는 신국이다'라는 말이 있다. 이 간결한 문장은 전시 중에 '신국'의 공적인 정의를 단적으로 나타내는 것이었다. 신국이라는 것은 무엇보다 '아마테라스 오미카미(天照大神)의 자손이고, 황조황종(皇祖皇宗)의 신의 후손'인 '만세일계'의 천황이 군림하고 통치하는 나라였던 것이다.

신으로서의 천황을 둔 일본은 다른 어떤 나라들의 민족도 넘볼 수 없는 어느 나라와도 비교할 수 없는 '만방무비(万邦無比)'의 신성한 국가이다. 그러한 입장에 있는 일본이 세계를 인도하는 것은 역사의 필연이었다. 청일 · 러일의 양 전쟁도 한국병합도 그리고 만주국의 건국도 모두 세계에 '미이츠(御稜威, 천황의 위광)'를 선양하려고 하는 '오오미고코로(大御心, 천황의 마음)'의 현상인 것이다. ―『국체의 본의』는 이렇게 설파된 것이다.

아라히토가미(現人神)인 천황의 존재와 그 관련이 만방(万邦)에 대한 일본의 우월―'천황'과 '내셔널리즘'이라고 하는 두 개의 목표는 '들어가면서'에서 소개한 모리 전 수상의 '신의 나라(神の國)' 발언에서도 읽을 수가 있다. 모리(森)의 발언은 노골적인 일본의 절대화와

해외침략에 대한 긍정적인 모습을 감추고 있지만 이 두 요소야 말로 패전이라고 하는 사건을 사이에 두고 일관된 신국 이미지의 핵심을 나타내는 것이었다.

그러면 이야기를 다시 한 번『국체의 본의』로 돌리자.『국체의 본의』는 앞의 말을 반복하지만 신국사상은 몽고침략 이후 현저하게 발달하여 '야마토 다마시(大和魂)'로서 자각되고 계승되어 청일·러일 전쟁 때 '깊이 각성'되었다고 주장한다. 그리고 그 의의를 단적으로 논파한 말로서 남북조시대(南北朝時代)에 저술된 기타바타케 치카후사(北畠親房)의『진노쇼토키(神皇正統記)』에서 대일본국은 신국이다. 천조(天祖)는 처음으로 기반을 만들고 해의 신이 오랫동안 전통을 이어받는다. 우리나라는 황자가 있다. 다른 나라는 그러한 예가 없다. 그러한 이유로 신국이라고 한다는 표현을 하고 있다.

신의 자손인 천황이 군림하기 때문에 '다른 나라 조정(異朝)'인 외국과는 다른 신국이라고 하는 자각이 외국침략에 직면한 가마쿠라(鎌倉)시대에 앙양되어『진노쇼토키』에 의해 부각되기 시작하여 오늘날에 이르기까지 변함없이 이어져 오고 있다. ─『국체의 본의』는 이와 같이 주장되고 있는 것이다.

변방으로서의 일본

『국체의 본의』에서 논하여지는 신국 관념은 그것을 받아들일까 거부할까하는 입장의 차이는 있어도 대부분의 일본인이 상식적으로 품고 있는 이미지와 크게 벗어난 것은 아니라고 생각한다.

그러한 이해를 전제로 하여 여기에서 새롭게 고찰할 것은『국체의 본의』가 일본=신국의 근거로서 인용한『진노쇼토키』이다.『진노쇼토키』는 처음에 일본이 신국이라고 강하게 선언한 후, 같은 서문에서 일본을 세계 전체 가운데서 어떻게 위치지울 것인가를 논하고 있다.

　　『진노쇼토키』는 우선 이 사바세계(娑婆世界)의 중심에 수미산(須弥山)이라고 하는 산이 있고, 수미산의 사방에는 네 개의 대륙이 퍼져있어 남쪽에 있는 것을 '첨부(瞻部)'[1], 그 대륙의 중앙에 위치하는 것이 인도(천축, 天竺), 중국(진단, 震旦)은 넓다고 해도 천축인 인도에 비교하면 '한 조각의 작은 나라'에 불과한 것이라고 논하고 있다. 그리고 일본은 그 대륙을 벗어난 동북의 바다 가운데에 있다는 주장이다.

　　이 말의 의미를 정확하게 이해하기 위해서는 당시 사람들이 어떠한 세계관을 품고 있었던가를 파악해둘 필요가 있다.

　　일본에서는 헤이안시대(平安時代) 후반부터 동시대를 말법의 세상이라고 생각하는 '말법사상'이 유행하기 시작했다. 말법사상이라고 하는 것은 부처의 가르침이 석가 입멸 후 정법(正法)·상법(像法)·말법(末法)이라고 하는 3단계를 거쳐 점차로 쇠퇴하여 간다고 하는 사상이다. 말법은 흡사 의약품의 효능 기간이 다하는 것과 같이 불법이 사람을 구제하는 힘을 잃고 마는 시기이고, 그 때 이 세상은 구제에서 제외된 악인이 가득한 암흑시대가 된다고 믿었다.

---

1) 불교에서 수미산의 남쪽 해상에 있다는 대륙으로 오직 이 땅에서만 부처가 출현한다고 하며, 후에 인간 세계 또는 현세를 통틀어 이르는 말이 되었다.

말법사상의 유행에 따라서 헤이안시대 후기에는 그 이외의 다양한 불교적 이념도 사람들 사이에 정착하여 있었다. 불교는 우리들이 사는 이 현실세계에 관하여 독자적인 코스모로지를 가지고 있었다. 세계의 중앙에는 수미산(須弥山)²⁾이라고 하는 높은 산이 우뚝 솟아, 그것을 동심원상(同心円狀)으로 둘러싼 몇 겹의 산맥의 바깥쪽에는 동서남북 4개의 대륙이 퍼져 있었다. 이 세계상으로부터라면 일본은 남쪽 대륙 동북의 바다 가운데에 있으며, 좁쌀 낱알과 같은 작은 섬에 불과하였다. 일본을 석가가 탄생한 인도로부터 아주 멀리 떨어진 변경의 작은 섬으로 간주하는 이러한 이념도 헤이안시대 후기에는 사회에 공유되게 되었다.

이렇게 하여 헤이안시대 후반부터 가마쿠라시대에 걸쳐서 일본을 말법변토(末法辺土)의 나쁜 나라라고 하는 부정적인 인식은 널리 당시의 사람들의 마음을 사로잡고 있었다. 악인이 웅성대는 예토(穢土: 더러운 세상)로서의 이 세상을 싫어하고 사후의 이상세계인 정토에의 왕생을 목표로 하는 정토신앙도 이러한 사상 상황을 배경으로 하여 일어난 것이었다. 종교의 세계뿐만 아니라『호죠키(方丈記)』나『헤이케이 모노가타리(平家物語)』라고 하는 문학작품 '지고쿠소시(地獄草子)', '가키소시(餓鬼草紙)'라고 하는 두루마리 그림에서도 현실부정의 의식과 무상관은 그 기조를 이루고 있다. 말법변토의 자기인식은 문학 · 예술 사상을 시작으로 하는 중세 전기의 모든 문화에 깊은 영향을 미치고 있었던 것이다.

---

2) 불교의 우주관(宇宙觀)에서 세계의 중앙에 솟아 있다고 하는 산.

변방의식을 극복한 신국

그러면 두 번에 걸친 몽고침략(蒙古襲来), 즉 1274년의 문영(文永)의 사변과 1281년의 홍안(弘安)의 사변을 계기로 하여 갑자기 대두하게 되는 신국사상은 그 이전의 사상의 기조를 이루고 있었던 말법변토의 자기인식과 어떠한 관계에 있는 것일까.

이 문제에 관해서 일본을 선별된 성스러운 국토로 보는 신국사상은 일본열도를 절망적인 상황에 있는 보잘 것 없는 작은 섬으로 간주하는 말법변토 사상과 정면으로부터 대립하는 것이라는 견해가 학계에서는 통설로 되어 있다. 그리고 신국사상은 말법변토사상이 유행하고 있는 상황에 대해 그것을 '극복'하기 위해서 설파된 것이라고 생각된다.

헤이안시대 후기부터 일본의 현상을 부정적으로 파악하는 말법변토사상이 퍼져 사람들 사이에 절망감이 맴돌았다. 이러한 상황을 일변시킨 것이 신국사상의 융성이었다. 와츠지 테츠로(和辻哲郎) 문하에서 동경대학 교수를 지낸 후루카와 사토시(古川哲史) 씨는 그것을 단적으로 '신도적 우월감'에 의한 '불교적 열등감'의 '극복'이라고 해석하고 있다. 이러한 견해의 배후에 신국사상을 신도적인 것, 변토말법사상을 불교적인 것이라고 파악하고 신도에 의한 불교의 극복이라고 하는 도식 가운데에 신국사상의 흥륭을 위치지우려고 한 의도를 쉽게 찾아낼 수 있다. 그러나 이러한 이해는 정말로 핵심을 얻은 것일까. 나는 매우 의문스럽게 생각한다.

예를 들면 앞에서 언급한 『진노쇼토키』의 기술을 기억해 주기를 바란다. 지카후사(親房)는 일본의 지리적 위치를 설명하기 위해 수미산설(須弥山說)을 끌어내어 일본을 인도에서 보면 동북쪽의 큰 바다에 있는 작은 섬으로 규정하였다. 신국사상을 설파한 일본을 신비화한 대표 예로서 종종 인용되는『진노쇼토키』에서 불교적 세계관을 수용하여 일본을 변토속산(辺土粟散: 좁쌀을 뿌려놓은 것처럼 먼 곳에 흩어져 있는 자질구레한 땅)으로 위치지우고 있는 것은 매우 흥미 있는 것이다.

이 사실은 '불교적 세계관에서 신도적 세계관으로'라고 하는 도식, 일본=변토속산의 이념이 신국사상과 양립하지 않는 통설에 대해서 많은 의문을 남기는 것이었다. 결국 신국사상이 정말로 외국을 의식한 내셔널리즘의 선양을 목적으로 한 것인가라는 의문으로 연결되는 것이기도 하다.

2. 추방되는 천황

부도덕한 천황의 말로

신국사상의 다른 하나의 키워드인 '만세일계'의 천황이라고 하는 점에 관해서도 그 이미지를 다시 생각할 필요가 있다고 생각한다.

『진노쇼토키』에는 그 본문 중에도 '일본은 신국이기 때문에(역대의 천황도) 모두 아마테라스 오미카미(天照大神)가 계획하신 대로일까'라는 일본을 신국으로 하는 기술이 보인다. 그러나 그 뒤에는

"그렇지만 천황에게 잘못이 있으면 재위 기간도 길지 않다. 또 최종적으로는 올바른 길로 복귀함에 있어서도 일단 몰락한다"고 하는 예도 있다. 그 행위에 잘못이 있으면 예를 들어 천황이라고 하여도 요절이나 조락(凋落)의 운명을 피할 수가 없다고 주장하고 있다. 더욱이 『진노쇼토키』는 천황이 실제로 나쁜 응보를 받은 예로서 '악한 왕'이었기 때문에 황통이 단절된 부레쓰(武烈)[3], 혼란한 정치가 원인으로 후계자 없이 서거한 쇼토쿠(称德)[4], 역시 '악한 왕'이었기 때문에 황위를 퇴위당한 요제이(陽成), 세 사람의 천황의 예를 든 것이다.

신국사상이 융성하는 가마쿠라시대 후기는 일본에 유교적인 덕치주의가 본격적으로 유입된 시대였다. 그 이념으로는 천(天)이라고 하는 절대적인 권위가 실재하고 사람들의 행위에 대해서 도덕적인 입장에서 엄격한 응보작용을 내린다고 생각하였다. 사람은 항상 천으로부터 감시받고 있기 때문에 몸가짐을 겸손하게 하고 덕에 맞는 언행을 하도록 요구한 것이다.

천의 위력은 모든 사람들 위에 평등하게 미치는 것이고, 천황도

3) 부레쓰 천황(武烈天皇 무열 천황, 489년~507년 1월 7일)은 일본의 25대 천황(재위: 498년 12월~507년 1월 7일)이다. 이름은 『일본서기』에서는 오하쓰세노와카사자키노 미코토(小泊瀬稚鷦鷯尊) 또는 오하쓰세노와카사자키노 스메라미코토(小泊瀬稚鷦鷯天皇)라고 하며, 『고사기』에는 오하쓰세노와카사자키노 미코토(小長谷若雀命)라 적혀 있다. 실재했던 인물인지에 대해서는 논쟁이 있다. 닌켄 천황의 황자로 태어났으며, 어머니는 유랴쿠 천황의 황녀인 가스가노 오이라쓰메 황녀(春日大郎皇女)이다. 황후는 『일본서기』에 의하면 가스가노 이라쓰메(春日娘子)였다고 하나, 『고사기』에는 보이지 않는다.

4) 부친은 세이부 천황(聖武天皇)이고 모친은 후지와라노 후히토(藤原不比等)의 딸로 고메이 황후(光明皇后)이다. 세이부 천황(聖武天皇)의 제1황녀(皇女)로서 이름은 아베나이신노(阿倍内親王)라고 말하였다. 다카노 히메노미코토(高野姫尊)라고도 칭하여진 첫 여성 황태자(皇太子)의 탄생이다. 749년에는 부친인 세이부 천황(聖武天皇)의 뒤를 이어 즉위하여 천황(孝謙)이 되었지만, 770에 후임 황사(皇嗣)를 결정하지 않은 채로 서거하였다.

그 예외는 아니었다. 천황가의 생(生)을 받아 천황의 지위에 올랐다 하여도 악한 정치를 행하여 민중을 괴롭힌 경우에는 그 지위도 유지하지 못하고 중도 요절이나 실각의 우환을 당하는 경우도 있는 것이다.

『진노쇼토키(神皇正統記)』의 천황관

앞에서 『진노쇼토키』의 주장이 유교적인 덕치주의에 근거한 것이라는 것을 밝혔다. 『진노쇼토키』는 분명하게 일본을 아마테라스 오미카미의 자손이 군림하는 신국이라고 규정했다. 그러나 신국의 주인공인 천황은 유교적인 천(天)에 의해서 그 운명이 좌우되는 존재이고 결코 신성불가침한 '아키츠미카미(現御神)'는 아니었다.

천황관에 관해서는 『진노쇼토키』에는 보다 주목해야 하는 발언이 보인다. 앞에서 언급한 덕이 없는 천황을 논하는 문맥 가운데서 지카후사(親房)는 "십선의 계력(十善の戒力)에 의해 천자는 되었지만 대대로의 행적은 선악의 각양각색이다"라고 기록하고 있다. 불교에는 국왕이 되는 조건으로 전생에 십선계(十善戒, 10가지 선행)[5]를 지켜야 한다는 생각이 있었다. 중세 일본에서 천황이 종종 '십선의 제왕(十善の帝王)'이라고 불리어진 것은 그 때문이었다.

5) 불교 용어로 속인(俗人)이 지켜야 할 열 가지의 계율로 살생, 도둑질, 간음, 거짓말, 이간질, 멸시하는 말, 실없고 잡된 말, 탐욕, 노여움, 사견(邪見) 등을 금하고 있다.
참고로 불교의 십계는 나이 어린 남녀 중인 사미와 사미니가 지켜야 할 열 가지의 계율로 살생하지 말라, 훔치지 말라, 음행하지 말라, 거짓말하지 말라, 술 마시지 말라, 꽃다발로 치장하거나 향을 바르지 말라, 노래와 춤을 듣지도 말고 보지도 말라, 높고 넓은 평상에 앉지 말라, 때 아닌 때에 먹지 말라, 금이나 은 따위의 보물을 갖지 말라는 내용이다.

그러한 사상을 받아서 여기에서는 천자(天子)=천황이 되는 인물은 모두 과거 세상에 십선계(十善戒)를 받았다고 주장하고 있다. 지카후사(親房)는 천황이 되기 위해서는 과거 세상에 불교의 계율을 이어받아 지킬 필요가 있다고 믿었던 것이다.

신국 관념의 다양성

나는 이전에 신국사상을 논한 대표적 저작으로 간주되는『진노쇼토키』가 한편에서는 불교적 세계관에 의거하여 일본을 '속산변토(粟散辺土)'라고 인식한 것을 지적했다. 그리고 지금 그 천황관도 천황이 가진 권위와 성성(聖性)을 유교적인 덕치주의나 불교의 십선(十善)의 제왕설(帝王説)의 입장에서 상대화시키는 것임을 확인하였다.『진노쇼토키』에 언급된 신국사상은 동일하게 일본을 천황이 군림하는 '신국'이라고 주장하는 것이라도 불교나 유교라고 하는 외래의 요소를 적극적으로 배제하고 있다. 천황은 신성한 존재라는 것을 강조하는『국체의 본의』의 그것과는 단지 뉘앙스의 차이를 해소할 수 없는 본질적인 차이가 있는 것으로 생각한다. 그 차이의 핵심에 관해서는 후에 상세하게 논하게 될 것이다. 여기에서는 일반적으로 일본인이 '신국'에 대해서 품고 있는 선입관과 '신국사상'을 둘러싼 학계의 통설적 이미지가 얼마나 위험한 요소를 내포한 것인가를 확인할 수 있으면 충분한 것이다.

3. '신국'론에의 시좌(視座)

모습을 바꾸는 신들

나는 이 책에서 사료에 준하여 분석을 진행하는 것에 의하여 신국사상의 실태를 분명하게 함과 동시에 신국사상을 둘러싼 지금까지의 통설·속설을 근본적으로 재인식하는 것을 목표로 하고 있다.

지금까지는 구체적으로 어떠한 시점에서 신국을 인식하려고 한것일까. 먼저 유의할 것은 신국사상을 해명하기 위해서는 그 전제로 일본의 '신'의 성질을 올바르게 이해하는 것이 필요하다.

오늘날 신은 종종 일본 '고유의' 혹은 '토착의' 존재라고 하는 꼬리표가 붙여진데 대해서 대부분의 사람들은 거의 의문을 가지지 않고 그것을 수용하고 있다. 그러나 역사적인 사실로서 태고의 오랜 옛날부터 현대에 이르기까지의 긴 기간, 신은 그 성격을 몇 번이나 결정적인 전환을 하고 있다. 고대의 신과 현대의 신 사이에는 동일한 '신'이라고 하는 말로 표현하는 것이 어려울 정도로 이미지에 거리감이 존재하는 것이다.

신국의 관념은 지금까지도 각 시대의 신 관념과 밀접 불가분하게 관계되었다. 따라서 각 시대의 신 관념의 실태와 그 변모 과정을 명확하게 파악하지 않고는 신국의 문제를 확실하게 이해할 수 없다. 그러나 신국사상을 대상으로 한 지금까지의 연구 가운데 너무나도 당연하게 생각하는 이 문제에 잘 대처하였던 것일까.

역사적 문맥 가운데서의 파악

우리들이 유의하지 않으면 안 되는 것은 신국사상을 '신도'의 틀 속에 갇히게 하는 것이 아니라 보다 넓은 사상적 · 역사적인 문맥 가운데서 보려고 하는 자세다.

일본은 신국이라고 하는 주장이 일본의 신기(神祇)의 세계와 밀접 불가분한 관계에 있는 것은 말할 필요도 없다. 신의 변모에 착목하는 첫 번째의 유의사항은 이점에 관계되는 것이다. 그러나 중세에 관해서 말하면 압도적인 사회적 · 사상적 영향력을 가지고 있던 것은 오히려 불교 쪽이었다. 그 사상은 당시 사람들의 의식이나 이념을 근저로부터 규정함과 동시에 정치적 · 사회적인 이데올로기로서 계속해서 맹위를 떨쳤다. 더욱이 신국사상의 성립과 발전 시기는 불교의 침투와 대중화의 시대와 궤도를 같이 한 것이다.

흘려버릴 수 없는 것은 불교와의 관계뿐만이 아니다. 전근대의 종교세계를 구성하고 있는 것에는 신기와 부처 이외에도 범천(梵天) · 제석(帝釈) 등의 불교 수호신, 음양도에 유래하는 염마법황(閻魔法皇) · 태산부군(泰山府君)을 시작으로 성숙(星宿) · 어령(御靈) · 역신(疫神) 등의 여러 종류의 잡다한 신들이 있었다. 유교적인 천의 관념도 보였다. 그 때문에 각 시대의 종교세계의 전체적 구도를 시야에 넣지 않고는 신국사상의 정확한 이해와 위치 정립은 도저히 불가능하다.

덧붙여서 본문 중에서도 논하는 것처럼 고대나 중세는 모든 사회관계가 종교의 베일을 걸치고 현출(現出)하였던 시대였던 것도 잊어서는 안 된다. 이 시기에는 지배·피지배라고 하는 정치적·세속적 관계까지도 종교적인 관계에 의제(擬制)되는 것이 보통이었다. 근대에서 조차 신국사상은 농후한 정치색을 각인시키고 있었다. 더욱이 전근대에 발흥하는 신국사상을 생각하기 위해서는 그 배후에 있는 다양한 사회의 움직임에 대한 주도면밀한 세심한 배려가 필요할 것이다.

지금까지의 논의에서는 신국사상의 역사적 배경이라고 하는 갑작스런 몽고침략의 국제정세와 연결시켜 논하는 경우가 많았다. 그러나 그것은 너무나도 난폭한 논의라고 생각할 수밖에 없다. 그 이전에 일본=신국의 논리를 해당 시대의 사상적·역사적인 콘텍스트(전후 관계의 흐름) 가운데서 주도면밀하게 해독해나가는 작업이 요구되는 것이다.

신국사상 이해의 전제

서두가 약간 길어졌는데 이제 서서히 본론으로 들어가려고 한다.

이미 논한 것처럼 일본을 신국이라고 하는 신국사상은 무엇보다도 신과 관계되는 문제다. '신'의 올바른 이해 없이 '신의 나라'를 논할 수 없다. 여기에서 우리들은 1장에서 실제로 신국사상의 분석을 답습하기 위한 전단계로서 고대에서 중세에 걸쳐 일본의 신들이 어떠한 형태를 취하여 존재하고 어떻게 변모를 거듭하였는지를 개관하여 보고 싶다. 다음으로 2장에서는 그러한 신들이 불교를 시작으로 하는 여러 종교와의 교섭을 거듭하면서 총체로서 어떠한 신앙세계를 형성했는가를 같은 시대의 사회나 국가의 시스템을 시야에 두면서 명확하게 하려고 한다.

이러한 작업과 그 성과를 언급한 후에 3장 이하에서는 신국사상 그 자체의 분석으로 들어가려고 한다.

1장

변동하는 신들의 세계

伊勢神宮內宮(神宮司廳 提供)

신국사상은 일본을 신의 나라로 간주하는 이념이다. 그런데도 불구하고 신 그 자체에 관해서 지금까지 어느 정도로 관심이 쏠려 있었던 것일까. 자칫하면 우리들은 일본의 신을 '일본 고유의 신앙'이라고 한마디로 정리해버린 것이 아닐까. 이 장에서는 신국사상을 다시 생각하는 전제로서 고대에서 중세에 이르는 신들의 극적인 변모 양상을 명확하게 하고자 한다.

1. 고대적 신기질서(神祇秩序)의 형성

'일본신화'의 탄생

'고대의 신'이라고 하였을 때 우리들은 도대체 무엇을 떠올리게 될까. 아마 많은 사람들이 가장 먼저 머릿속으로 떠올리는 것은 신들이 생기 있게 활약하는 일본신화의 세계가 아닐까. 이자나기(イザナギ)·이자나미(イザナミ)의 국가 탄생, 아마테라스(アマテラス)의 이시야토고모리(石屋戸籠り), 스사노오(スサノオ)의 큰 뱀 퇴치(大蛇退治), 오오쿠니누시(オオクニヌシ)와 이나바(因幡)[1]의 흰 토

---

1) 일본의 옛 지명으로 현재 돗토리현(鳥取県)의 동부를 말한다.

끼 등, 일본인에게는 이미 친숙하게 되어 수많은 에피소드로 되어 있는 뛰어난 체계성을 갖춘 일대 서사시였다.

그러나 일본 신화는 처음부터 수미일관된 체계성을 가지고 있었던 것은 아니다. 유력 씨족이 각각의 우지(氏)와 관련된 신화를 가지고, 그것과 별개로 그 조상신을 숭배하는 것이 보다 오랜 형태라고 생각되어지고 있다. 즉 이 일본열도상에는 옛날부터 전해오는 여러 가지 신들과 거기에 관련된 복수의 신화가 공존하고 있는 것이었다.

그러면 애당초 제각각이었던 신화군(神話群)은 무엇을 연유로 하여 웅대한 통일신화로 정리할 수 있게 되었던 것일까. 그 원인은 7세기 후반에 일어난 국가체제의 대규모 재편성의 움직임이었다.

『고지키(古事記)』나 『니혼쇼키(日本書紀)』에 의하면 초대 천황은 진무(神武)천황으로 되어 있다. 그러나 실제로는 6세기 이전의 야마토(大和) 조정시대에는 아직 천황이라고 하는 명칭은 존재하지 않았고, 국가의 주도권을 잡고 있던 것도 한 사람의 왕이 아니고 모노노베(物部)·나카토미(中臣)라고 하는 유력 호족들이었다. 그러한 조정의 호족 주도의 정치체제는 7세기 전반의 성덕태자(聖德太子) 시대가 되어도 여전히 계속되었다. 성덕태자가 소가씨(蘇我氏)와 손을 잡을 수밖에 없었던 이유도 호족의 실권과 왕의 지위의 불안정함에 있었다고 생각된다.

이것에 대한 소가씨의 멸망을 끌어낸 다이카노 카이신(大化の改新, 645)을 계기로 하여 정치에 새로운 흐름이 생기게 된다. 7세기 말에 이르러서 본격화되는 이 운동을 한마디로 총괄한다면 '유력

호족 연합정권'이라고 하는 색깔이 짙은 종래의 국가체제를 극복하고, 한 사람의 왕을 중심으로 하는 강력한 왕권을 구축하려고 한 것이었다.

대왕에서 천황으로

다이카노 카이신(大化の改新)에서 시작되는 집권국가로의 움직임을 한꺼번에 가속시킨 것이 덴무천황(天武天皇)이다. 덴무천황은 개신주역(改新主役)의 한 사람인 나카노 오에노 미코(中大兄皇子)=덴치천황(天智天皇)의 동생이다.

즉위 전에 오아마노 오지(大海人皇子)라고 불렸던 덴무천황은 형인 덴치천황의 사후에 덴치천황의 아들인 오토모노 오지(大友皇子)와 황위를 둘러싼 강력한 내란에 돌입한다(壬申の乱, 672년). 문자 그대로 골육상쟁에서 이기고 즉위한 덴무천황과 그 아내인 지토천황(持統天皇)은 승리의 기운에 힘입어 이 열도에서는 지금까지 어느 왕도 손에 넣지 못한 압도적인 전제권력의 확립을 지향하였다. 그 야망은 정치제도나 군사력이라고 하는 하드웨어 면에서의 정비에 머물지 않았다. 왕의 지위를 다양한 수단을 동원하여 장식하며 권위 지우기 위하여 소프트웨어 레벨의 시도로서도 현출하게 되었다.

그 가운데서도 가장 유명한 것이 천황호의 채용이다. 천황이라고 하는 명칭이 언제부터 사용되어 왔던 것인가라고 하는 문제에 관하여서는 여러 견해가 있다. 이전에는 스이코조(推古朝)라고 하는 설이 유력하였지만 오늘날에는 덴무(天武)·지토조(持統朝)설이 거의 정설화 되어 있다.

천황이라고 하는 칭호가 보급되기 이전인 야마토 조정의 왕은 '대왕, 오호키미(大王, オホキミ)'라고 불렸다. 그것을 의미하는 것은 문자 그대로 '왕은 위대한 존재'이고 대왕이 가지는 권위도 여러 왕에 비해서 상대적인 것이었다. 그에 비해 '천황'(스메라미코토)의 호칭은 다른 왕족이나 씨족의 장과는 격이 다른 절대적 위력을 가진 유일하고 가장 숭고한 존재라고 하는 것을 과시하려고 하는 강한 의미를 가지고 있다. 해외 여러 나라의 동향도 응시하면서 그것에 대항할 수 있는 만큼의 강력한 왕권을 확립하려고 한 지배층은 그 정점에 있는 왕의 칭호로 '천황'이라고 하는 대륙에서도 거의 전례가 없었던 명칭을 선택한 것이다.

천황이라고 하는 칭호를 선택한 사람들이 다음으로 한 것은 왕의 지위의 신성화였다. 그 대표적인 예가 천황을 신으로 하는 명신 '아키츠미카미(現御神)' 사상이다.

『만요슈(万葉集)』에는 오토모 야카모치(大友家持) 등의 궁정가인(宮廷歌人)들이 덴무천황(天武天皇)과 그 손자인 몬무천황(文武天皇)을 '오키미(大君)는 신이시기 때문에'라고 기리고 있다. 덴무천황의 즉위 센묘(即位宣命, 즉위에 즈음하여 나오는 천황의 명령)에는 '아키츠미카미(現御神)와 오야시마구니시로(大八洲國知, しろ)천황'이라고 하는 이야기가 보인다. 천황을 신으로 하는 표현은 나라시대 이후의 센묘(宣命)의 상투구(常套句)로 되었다. 이렇게 하여 천황은 점차로 일반국민과는 격리된 신비한 존재로 상승하여 갔다.

신들의 재편과 신기제도의 정비

천황 지위의 신성화는 천황 권위의 원천을 이루는 황조신=아마테라스 오미카미 지위의 급속한 상승을 가져오게 하였다.

이전에 각각의 씨족이 자신의 조상신을 제사 지낸 단계에서는 신들 사이에서의 상하관계는 존재하지 않았다. 천황가의 조상신인 아마테라스 오미카미 조차도 어떤 특별한 존재로 간주되지 않았다. 그러나 '오호키미(オホキミ)'가 '아키츠미카미(現御神)'로서의 '스메라미코토(スメラミコト)'가 된 지금, 상황은 일변하였다. 이세신궁(伊勢神宮)과 아마테라스 오미카미는 '아키츠미카미'인 천황의 조상신으로서의 다른 어떠한 신사와 신들도 능가하는 최고의 국가사(國家社)와 국가신이 아니면 안 되는 것이다.

그렇게 하여 천황의 권위 상승을 목표로 하는 현실세계의 동향에 호응하여 신들의 세계에도 천황가의 조상신이었던 아마테라스 오미카미와 그것을 모시는 이세신궁(伊勢神宮) 아래 각 씨족의 신들을 통합하려고 하는 운동이 시작되었다. 덴무(天武)·지토조(持統朝)에 있어서 이와 같은 형태로서의 신들의 재편을 단적으로 반영하는 것이 7세기 초두에 연이어서 완성한『고지키』와『니혼쇼키』이다. 특히『고지키』에서는 방대한 수의 신들과 그것을 조상신으로 하는 여러 씨족을 아마테라스 오미카미와 천황가의 계보로 연결시키는 것에 의하여 신들과 씨족의 서열화가 훌륭하게 이루어져 있다. 또 서적을 구성하는 각각의 설화나 에피소드도 고도로 체계화되어 황조신을 중심으로 하는 유기적인 하나의 신화 체계를 만들었다.

신화의 체계화와 신들의 재편과 평행하여 이 시기에는 신기제도(神祇制度)의 면에서도 대폭적인 개혁과 정비가 진행되었다. 우선 새롭게 즉위한 천황과 신들과의 연결 장치를 위하여 다이죠사이(大嘗祭)가 창출되었다. 군신(群臣)을 앞에 두고 공개적인 장소에서 행하여진 즉위식에 대해 심야의 엄중한 베일에 가려진 가운데 행하는 일본의 독자적인 의식에 관하여 다양한 해석이 있다. 그러나 천황가(新天皇)가 신들과의 관계를 연결시키기 위한 의식인 것은 의문의 여지가 없이 분명하다.

더욱이 각 지역의 주요한 신사에는 관사(官社)로서 등록된 2월에 행하여지는 기년제(祈年祭) 때에 폐백(幣帛, 신에게의 供物)이 하사된다. 이 시스템에 의하여 그때까지 국가의 간섭이 미치지 않았던 씨족의 신들까지 일원적인 제사체계에 넣어, 반폐(班幣, 폐백을 나누어 주는 것)의 대상(代償)으로서 천황을 위한 기도를 의무화시켰다.

이러한 율령제도 아래에서의 신기제사에 위치지어진 여러 신사는 아마테라스 오미카미를 모시는 신궁(神宮)을 정점으로 하여 바쳐지는 폐백의 수량이나 신사의 격에 의해 서열화된 정연한 피라미드형의 계급질서가 만들어졌다.

2. 중세적 신기제도에의 이행

율령제의 해체와 구조조정의 진행

완벽하게 정리되어 말할 나위 없이 강고하게 보인 신들의 질서에
도 드디어 균열이 생기기 시작하였다. 헤이안시대 중반 10세기경의
일이다. 그 원인이 된 것이 율령제를 기반으로 하는 고대적인 지배
체제의 동요와 해체였다.

율령체제에 의한 지배는 호적에 의한 인민 한 사람 한 사람을 완
전하게 파악하는 것이 불가결한 전제로 되어 있다. 율령제에서는
일정한 연령에 달한 남성에게 구분전(口分田)이 부여되었지만 그 반
급(班給)도 세금의 부과도 호적에 근거하여 개인별로 행하여졌다.
그러나 너무나도 가혹한 그 지배를 싫어한 민중은 공전(公田)의 경
작 포기나 도망 등의 수단으로 그 제도에 강하게 저항하였다. 그 결
과 호적은 유명무실화 되고 율령제적인 인신지배는 10세기에는 그
기능이 거의 마비상태에 직면하게 되었다.

고대적인 율령제 지배의 해체는 국가에 기생하여온 다양한 사람
들이나 기관에 심각한 과제를 부여하였다. 지배체제의 동요는 말할
것도 없고 국가로부터의 충분한 지원을 받을 수 없는 사태를 의미하
고 있었던 것이다. 우선 국가공무원이라고도 할 수 있는 귀족 계층
이나 국립대학에도 비교되는 유력사원에 있어서는 국가로부터의 재
정원조의 도절(途絶)은 존망의 위기에 직결하는 큰 문제였다. 재정
이 핍박한 국가 기관에서는 사활을 건 본격적인 조직개편이 시작되

었다. 이리하여 이 시기에 일본 최초의 본격적인 구조조정의 폭풍이 거칠어지게 되었다.

그 한편에서는 국가의 지배에 의지할 수 없게 된 섭관가·대사원 등의 유력한 권력과 세력을 가진 가문은 스스로 직접 토지를 소유하고 거기서 연공(年貢) 등을 징수하여 모든 삶을 발탁하는 것을 경쟁이라도 하듯 영지(領地, 莊園) 확보(集積)에 관여하였다. 이렇게 하여 헤이안시대 후반에는 유력귀족과 사원에 의한 인의(仁義)없는 장원획득 경쟁이 펼쳐졌다. 본래는 그러한 사적인 싸움의 울타리 밖에 있어야 할 천황가도 또한 그 경쟁에 적극적으로 참가하여 방대한 장원을 영유하기에 이르렀다. 권문세가에 의한 국토의 재분할에 의하여 12세기경에는 국가가 보유한 토지와 권력자의 가문이 보유하는 사적소유지(莊園)가 모자이크와 같이 난립하는 '장원제' 혹은 '장원공령제(莊園公領制)'라고 불리는 중세적 질서가 형성되는 것이다.

신사의 생존 전략

관사(官社)·관폐제도(官幣制度)에 의하여 그 질서가 보장되어 있던 신기계(神祇界)에서도 고대적인 지배체제의 붕괴는 충격이었다. 신들도 또한 의존하는 것은 허락되지 않고 자신이 먹을 것은 스스로 벌지 않으면 안 되는 시대가 된 것이다.

율령국가의 비호를 잃은 유력한 신사는 관사의 옷을 벗어던져 버리고 자신의 힘으로 스스로의 나아가야 할 길을 개척하지 않으면 안 되었다. 그것은 혹은 '신령(神領)'이라고 칭하는 장원의 집적(集積)과 지배이고 혹은 불특정 다수의 사람들을 신사로 끌어들인 것이었다. 이전에는 특정 씨족이나 공동체와 깊이 연결되어 관계가 없는 사람들에게 굳게 문호를 닫고 있던 신사는 헤이안시대 중반부터 적극적으로 사참(社参)과 참롱(参籠)을 불러들이게 되었다. '토지'와 '사람'을 어느 정도 모을 수 있느냐가 신사의 존망을 나누는 열쇠가 된 것이다.

율령제 아래에서 신사계(神社界)의 정점에 있던 이세(伊勢)도 또한 결코 팔짱을 끼고 사태를 방관하고 있었던 것은 아니다. 이세신궁의 경우 어사(御師)라고 불리는 사람들이 열도 각지를 걸어서 돌면서 신궁(新宮)에의 토지 기부를 권하여 모은 것이 알려져 있다. 그 활동에 있어서 아즈마국(東國)을 중심으로 이세신궁령장원(伊勢神宮領莊園)='어주(御厨)'가 수없이 설립되었다. 니치렌(日蓮) 탄생지로 알려진 안방국(安房國, 千葉県) 동조어주(東条御厨)도 1183(寿永 2)년에 미나모토 요리토모(源賴朝)가 이세신궁에 기부한 것이었다.

바로 그때가 섭관가나 대사원이 장원의 확장과 그 지배의 강화에 혈안이 되어 있던 시대이다. 유력 신사에 보이는 재정기반의 전환(국가에 의한 급부로부터 사적인 대토지 소유로)도 동시대 사회전체의 동향과 완전히 궤(軌)를 같이 하는 것이었다.

22사(社)·1궁(宮) 제도

고대 이래의 유서를 가진 관사(官社)가 그 사회적인 존재 형태를 변화시켜 가면 그 영향은 필연적으로 이세신궁을 정점으로 하는 신들의 서열에 그 영향이 미치게 되었다.

고대 율령체제하에서의 신들의 질서는 국가가 그것을 정치적·경제적으로 보장한다고 하는 체제를 취하고 있다. 신사를 총괄하는 사무소인 신기관(神祇官)에는 신궁을 정점으로 하는 수천에 이르는 전국의 관사의 목록인 신명장(神名帳)이 갖추어져 기년제(祈年祭) 등의 절기에는 폐백이 나누어졌다.

그러나 이러한 체제는 고대국가의 해체에 따라 종언을 맞이하였다. 이미 조정에 열도 각지의 신을 돌볼 만큼의 여유가 없었다. 그 대신에 헤이안시대 중반부터 중앙에 제도가 정비되어 갔다. 22사(社)와 지방에 있어서 총사(総社)·1궁(宮)의 제도이다.

이 가운데 22사 제도라고 하는 것은 이세(伊勢)·이와시미즈(石淸水)·가모(賀茂)·마츠오(松尾) 등 기내(畿内)와 그 주변의 유력 신사 22사를 선택하여 왕성진수(王城鎮守)의 역할을 담당하는 것으로서 특별한 대우를 부여하려고 하는 제도이다. 특정의 유력사(有力社)에의 봉폐(奉幣)는 10세기부터 이세(伊勢) 이하의 16사(社)에 대하여 기우(祈雨)·지우(止雨) 등을 목적으로 시작되었다고 한다. 그 후 몇 번에 걸쳐서 새로운 신사가 부가되어 원정기(院政期)에 22사(社)의 체제가 확립되었다. 일본열도 전역의 신들에게 봉폐(奉幣)하는 힘을 잃은 조정은 전국적 규모에서의 신사의 총괄을 단념하였다. 그 대신 기내(畿內) 부근의 천황가나 섭관가와 관계가 깊은 신사에 초점을 맞추어 새로운 체제를 구축하려고 한 것이다.

한편 1궁(宮)은 나라(지역)별로 유력한 진수신(鎭守神)을 선정하여 '1궁(宮)'이라고 칭한 것이다. 그 성립은 원정기의 초기경이다. 총사(総社)는 1궁(宮) 이하의 많은 사원을 한 장소에 권청(勧請)한 신사에서 중앙정부의 출선기관인 국부내부(國府內部) 혹은 그 주변에 설치되었다. 1궁(宮)과 총사제도는 거의 병행하여 형태를 정비하고 있었던 것으로 추정된다.

오늘날 연구자들 사이에서는 중앙에 있어서 22사 제도와 각 지역 총사(総社)·1궁제(宮制)의 확립에 의하여 중세적인 신기체제가 확립된 것으로 생각하고 있다.

경쟁하는 신들

22사(社)라고 하는 새로운 신기질서에의 이행이 거의 완료되는 원정기(院政期) 이후도 이세신궁은 여전히 표면적으로는 '국가의 종묘'로서의 특권적 지위를 계속 유지하면서 조정의 공적 신앙의 중심적 입장을 다른 신들에게 양보하는 것은 없었다. 그러나 신궁은 이미 고대와 같이 국가에 모든 짐을 지우는 존재는 아니었다. 완벽하게 장원영주에의 변신을 이룬 엔랴쿠지(延曆寺)나 고후쿠지(興福寺) 등의 거대사원(巨大寺院, 權門寺院)에 비교하면 아직 불충분하다고는 하지만 어주(御厨)·어원(御園)이라고 한 신령(神領)을 주요한 기반으로 하는 장원영주로서의 성격을 깊이 가지고 있었다.

　한편 율령국가에 의한 통제의 멍에로부터 벗어난 다른 유력한 신사는 그 사회적 지위 상승을 목표로 하여 필사적인 노력을 계속하였다. 신기계(神祇界) 전체에 자유경쟁 원리가 도입되어 이긴 편에 들어 갈 것인가 진편에 들어갈 것인가는 어느 신사에 있어서도 사활이 걸려있는 문제였다. 즉 신기계 전체가 자유주의 체제로 이행하는 가운데서 그 지고한 지위에 대한 국가의 보장을 잃은 이세신궁은 급격하게 대두하고 있던 유력한 신사들 사이에서 점차로 매몰되는 운명을 피할 수가 없었다.

　그것은 이세신궁을 정점으로 하는 고대적인 신기질서가 붕괴하고 국가로부터 상대적으로 자립한 유력한 신사가 인내하여 어깨를 견주면서 병존하는 상황의 도래를 의미하고 있었다. 신들은 각각의 부침존망(浮沈存亡)을 건 자유경쟁의 시대에로 돌입한 것이다.

　22사 제도는 그러한 신기계의 혼란에 일정의 브레이크를 걸려고 한 것이었다. 신기제도의 전면적인 붕괴는 국가나 신사측 양측 입장에서도 결코 바람직한 사태가 아니었기 때문에 양자 모두를 생각한 가운데 도입된 신제도는 일정한 통합의 기능을 다하였다. 그것은 엔랴쿠지(延暦寺)·고후쿠지(興福寺)·온죠지(園城寺) 등의 유력한 사원이 일방적으로 격한 대립과 반란을 반복하면서 다른 한편으로 자리를 정렬하여 조정이 주최하는 호국 법회에 출사했던 것이었다.

3. 신들의 반란

산노신(山王神)의 조반

고대에서 중세로의 이행에 따른 신사의 존재형태의 변화는 필연적으로 사상이나 이념의 면에서도 신들의 세계에 결정적인 변화를 가져오게 하였다. 이미 논한 것과 같이『고지키』는 아마테라스 오미카미에서 시작하는 황통의 계보 가운데 혈연적인 의제(擬制)를 가지고 여러 씨족의 신들을 위치지어가려고 하는 것이었다. 거기서는 무스비(ムスヒ)의 신이라고 하기보다 근원적인 신의 존재가 부상하기는 하지만 아마테라스 오미카미가 실질적인 지고신인 것에 관해서는 반론의 여지가 없다.

그런데 중세에 들어오면 다양한 유력신이 입으로 스스로의 우위를 주장하게 된다. 여러 신들의 정점에 있는 아마테라스 오미카미의 지위는 이념 레벨에서도 신들의 상승과 반란에 의하여 와해에 이르게 된다. 그 가운데서도 가장 선명한 형태로 기존의 질서에 반기를 드는 것이 최대 종교권문(宗敎權門)인 히에이잔(比叡山)을 방패로 한 히요시산노사(日吉山王社)였다.

이 히요시산노사를 중심으로 형성되는 산노신도(山王神道) 관계의 서적에서는 산노신이야말로 일본 제일의 신이라고 하는 주장이 반복되었던 것이다. 산노신도를 대표하는 교리서인『요덴키(耀天記)』「산노사(山王社)」는 '산노는 일본 무쌍(無双)의 영사(靈社), 천하제일의 명신(名神). 여러 신 가운데는 근본, 만사(万社) 사이에는 기인(起因)'이라고 논하고 산노가 일본에 있어서 근원의 신격인 것을 강조하고 있다. 이전에 신궁과 산노사(山王社) 사이에는 넘기 어려운 벽이 있었다. 그러나 산노신은 누구에게도 방해받지 않고 공공연하게 '천하제일의 명신'인 것을 공언하는 것이다.

山王宮 曼茶羅(나라국립박물관 소장)

하늘(天)로 돌아간 신

여러 신에 대한 산노신(山王神)의 우월의 주장은 교리서 이외의 다양한 사료에서도 볼 수가 있다. 이하에 소개하는 것은 산노사(山王社)의 연기(緣起)를 기록한 『히요시 산노 리쇼키(日吉山王利生記)』에 수록된 이야기이다.

요사이 이세대신궁(伊勢大神宮)의 사관(祠官)이 그 사전(社殿)에 밤을 지새웠을 때의 일이다. 총문(惣門)이라고 생각되는 장소에서 크게 문을 두드리는 자가 있었다. 조금 후에 안에서 누군가가 무엇을 하는 소리가 들렸다. 거기에 응하여 내방자는 진단국(震旦國, 중국) 롱산(隴山)의 신입니다. 조금 이야기할 것이 있습니다라고 말하였다.

재차 안에서 "이세의 신은 지금 하계(下界)에는 오시지 않았습니다. 중생이 모두 번뇌에 빠져 신려(神慮)로 당할 수 없는 시대가 되어 버렸기 때문입니다. 지금은 건물을 지키는 역할을 하고 있는 미야정(美野情)이라고 하는 신만 있습니다. 중요한 상담을 할 수 있는 신이 아닙니다. 중요한 문제라면 히요시산노(日吉山王)에 가주십시오. 그 신이야 말로 변하지 않고 풍요로운 법미(法味)에 휩싸여 옛날에 뒤지지 않는 효험을 가지고 있습니다"라고 하는 말이 있었다. 그 후 수십기(騎)의 기마가 서쪽으로 향하여 달리기 시작한 모습의 소리를 들으면서 꿈이 깼다.

여기에서는 이세의 신=아마테라스 오미카미는 일본의 국토와 국민을 수호하여야 할 최고의 신격으로서의 책무를 버리고 하늘로 올라가 버린 것으로 되어 있다. 대신에 이 세계를 지휘하고 있던 신이야 말로 히에이잔(比叡山)의 불법의 위력을 배경으로 한 히요시산노사(日吉山王社)였던 것이다.

신들의 하극상

이러한 형태로 신들의 자기선언은 히요시산노사(日吉山王社)만으로 한정된 것은 아니었다. 히에이잔과 나란히 일대 종교권문인 고후쿠지(興福寺)를 뒤 방패로 하는 가스가사(春日社)에 있어서도 남북조시대의 공경(公卿)인 니죠 요시모토(二条良基)[2]는 사승(寺僧)으로부터 듣고 적은 것으로서 다음과 같은 말을 기록하고 있다.

> 이 가스가다이묘진(春日大明神)의 신을 다른 신과 같은 신이라고 생각하고, 다른 신들과 같이 취급하는 것이야 말로 되돌릴 수 없는 무념입니다. 이 일본국을 돌보는 역할을 하는 것이야 말로 당사(當社)밖에는 없습니다.

일본국의 일체를 지휘하는 역할을 가지게 된 것이 가스가의 신이라고 하여 다른 신들과의 격의 차이를 강조하고 있다. 이외에도 중세의 구마노 본궁(熊野本宮)에서는 스스로를 '일본제일 대영험 구마노 삼소권현(日本第一大靈驗熊野三所權現)'이라고 칭하는 것이 일반화되어 있다. 이와시미즈(石淸水)에 모셔진 하치만신(八幡神)의 영험을 기록한 『하치만구도쿤(八幡愚童訓)』에는 "하치만대보살(八幡大菩薩)은 십방(十方, 모든 곳)의 여러 부처보다 존귀하고 삼천의 신기(神祇)보다도 우수한 덕을 가지신 것이다"라고 하는 말이 있다. 『니코산엔키(日光山緣起)』는 "니코산(日光山)의 이익은 특히 여사(余社)를 넘는 것이 있다"고 논하고 있다. 중세에 들어오면 어느 신

---

2) 요시토모(二条良基, 1320~1388)는 난복쿠쵸(南北朝)시대 공경(公卿), 가인(歌人)이었다.

들도 입으로 스스로의 우수성을 소리 높여 주장한다.

신들의 자기주장은 이세신궁의 내부에까지 미친다. 이세는 내궁과 외궁이라고 하는 두 개의 신사로 되어 있어 각각 아마테라스 오미카미와 도요우케다이진(豊受大神)을 모시고 있다. 내궁의 제신(祭神) 아마테라스 오미카미는 천황가의 조상신이고, 본래 일본의 신들 가운데에서 정점에 위치지어진 존재였다. 그것에 대하여 외궁의 도요우케다이진은 아마테라스 오미카미에 신찬(神饌, 식사)을 바치는 역할을 부여하는 신으로 본래 양쪽 신의 격의 차이는 뚜렷한 것이었다. 그것이 고대에 있어서는 그대로 내궁과 외궁과의 사격(社格)의 차이로 된 것이다. 그런데 헤이안시대 후반부터 외궁은 어사(御師) 등의 활약에 의하여 점차로 힘을 키워 내궁을 능가하는 경제력을 가지게 되었다. 그러한 실력을 배경으로 외궁측(外宮側)은 종교적인 권위에 있어서도 스스로를 내궁과 대등 이상의 지위까지 끌어올리는 것을 목표로 하였다. 그 때문에 외궁신관(外宮神官)의 와타라이씨(度会氏) 주도하에 형성된 이세신도에서는 종래의 아마테라스 오미카미의 하위에 놓여 있던 도요우케다이진이 입장을 바꾸어 그 위에 위치지우게 된 것이다.

신도사학자인 다카하시 미유키(高橋美由紀) 씨는 아마테라스 오미카미라는 신기세계에 군림하여 온 지고신을 상대화하여 그것을 초월하려고 하는 중세 신도계의 동향을 '신들의 하극상'이라고 평하고 있다. 중세에 들어오면 신기계(神祇界)는 각각의 신이 내가 우위라고 하며 자신의 위광과 우월을 주장하는 다시 말하면 신들의 전국시대에 돌입하게 된다.

국민신이 된 아마테라스 오미카미(天照大神)

이러한 상황 가운데에서는 아마테라스 오미카미도 어떤 형태로든 조치를 취하지 않고는 이전과 같은 특권적 지위를 유지하기는 어려웠다. 다른 유력한 신과 같이 아마테라스 오미카미도 생존과 상승을 위하여 끊임없는 노력이 요구되는 시대였던 것이다. 그러나 이 변화는 이세신궁과 아마테라스 오미카미에게 있어서 결코 나쁜 것만이 아니었다. 고대에 있어서 아마테라스 오미카미는 신들의 정점에 위치지어져 있었지만 천황가 이외의 사람들이 참배하는 것도 폐백을 바치는 것도 인정되지는 않았다. 일반인이 손쉽게 신궁에 참배하는 것은 상상도 할 수 없는 것이었다. 그 때문에 그 지위의 높이에도 불구하고 아마테라스 오미카미는 당시의 민중 사이에서는 의외일 정도로 지명도가 낮았다. 아마테라스 오미카미를 생각하도록 하라는 꿈의 계시를 받은 『사라시나일기(更級日記)』의 작자 스가와라 타카스에(菅原孝標)의 딸은 아마테라스 오미카미가 어디에 어떠한 신인지는 전혀 알 수 없었다.

그러나 율령제도의 붕괴에 의하여 상황은 일변하였다. 아마테라스 오미카미는 드디어 그 유서에 의지하는 것은 허락되지 않았다. 천황가의 조상신으로서 높이 머물러 있는 것으로는 격동의 시대를 뛰어넘는 것은 불가능하였다. 스스로 민중 사이에 끼어 들어가 사람들의 마음을 사로잡는 것이 살아 남기 위한 필수의 수단이 되는 시대가 되었다. 이러한 과제를 담당한 어사(御師)가 열도를 배회하며 사람들에게 토지의 기부와 신궁참배를 진행한 것은 앞에서 논한 대로이다. 신궁이 천황가와 관계없이 가마쿠라 막부의 대규모의 원조를 구한다고 하는 사태는 이전에는 전혀 생각할 수 없는 것이었다.

아마테라스 오미카미는 중세에는 사람들의 기원에 귀를 기울이고 그 사적인 소원을 듣고 전하는 열린 신으로의 변모를 이루었다. 그 결과 일반사회에 있어서 아마테라스 오미카미의 지명도는 고대에 비하여 눈부신 상승을 보이게 되었다. 이와 같은 성격의 변화는 아마테라스 오미카미에만 머물지 않고 정도의 차이는 있어도 어떤 유력한 신에도 공통적으로 보이는 현상이었다. 고대의 유력한 신사의 대부분은 특정 씨족과 불가분의 관계를 가지고 있었다. 그 관계는 가스가사(春日社)와 후지와라씨(藤原氏)와 같이 기본적으로는 중세까지 계승되지만, 다른 한편에서는 어느 신도와 특정 씨족이라는 관계의 틀을 넘어서 일반 사람들 사이에서 새로운 신자층을 얻으려고 하였다. 그러한 가운데서 신들은 씨족이 전유(專有)하는 우지가미(氏神)로서의 성격은 약화되고 대중에게 공유되는 '국민신'으로서의 색채를 강화하여 갔다.

4. 토지를 지배하는 신들

신령(神領)과 불토(仏土)

국가의 산하를 벗어나 자립의 길을 모색하고 있던 신들이 다음에 행하려고 한 것은 스스로가 주권자로서의 특정 영역에 군림하여 그것을 배타적·독점적으로 지배하려고 하는 것이었다. 12세기경부터 신사가 발급하는 고문서 가운데에 신사가 그 사령(社領)이나 어주(御厨)를 신이 지배하는 토지='신령'이었다고 하여 거기에 대한 국가로부터 여러 가지 과세를 기피하려고 하는 것이 수없이 보인다. 1112(天永 3)년 7월 6일 부의 '도바텐노센지안(鳥羽天皇宣旨案)'은 가스가 다이묘진(春日大明神)의 권위를 방패로 하여 빙마역(氷馬役, 여름에 얼음을 옮기는 하태[荷駄])이 면제되는 것을 바라는 가스가신사(春日神社)로부터의 해상(解状, 要望書)을 싣고 있다. 신령장원(神領荘園)은 신이 군림하고 지배하는 성스러운 토지이고 신에의 봉사를 본업으로 하는 땅이기 때문에 세속의 권력에 세금을 납부할 필요는 없다고 주장하는 것이다.

마침 이 시기에 사령장원(寺領荘園)에서도 부처의 토지='불토(仏土)'라고 하는 기술이 빈번하게 보인다. 대사원은 그 주권자·수호자로서의 본존불의 존재를 강조하는 것에 의하여 국가의 과세를 거부함과 동시에 사령(寺領)의 보전과 근린영역의 수용을 시도하고 있다. 스스로의 장원지배를 안정화시켜 거기서부터 연공(年貢)을 시작으로 하는 다양한 부담을 순조롭게 취하기 위하여 사원도 신사도 그 지배하는 영지(領地)가 신불이 지배하는 신성한 영역인 것을 강조하여 가는 것이다.

흡사 영주가 스스로의 영지를 지배하는 것과 같이 밖에서부터 방해를 배제하면서 자신의 의사로 사령의 지배를 수행하여 가는 새로운 타입의 신의 이미지는 다양한 에피소드나 일화로서 사람들 사이에 정착하게 되었다. 다음에 소개하는 것은『미네아이키(峯相記)』에 수납된 시라쿠니 다이묘진(白國大明神)에 관련한 일화다.

> 도바인(鳥羽院)의 어자(御子)가 미나세가와(水無瀬川)에 교코(御幸) 되었을 때의 일이다. 당나라 사람 모습을 한 여성이 출현하여 "나는 하리마국(播磨國)의 백국신(白國神)이다. 신전(神田)이 모쿠다이(目 代, 代官)³⁾에게 횡령되어버렸기 때문에 꼭 돌려받을 수 있도록 배려 하여 주시기를"이라고 말하였다. 놀란 어자(御子)가 국사(國司)에게 명하여 모쿠다이(目代)로부터 사정 이야기를 들었을 때 확실히 신전 의 수전일단(水田一段)을 몰수하였다는 것이다. 거기서 곧바로 그것 을 돌려주도록 명령하였다. 신은 자신의 영토가 위기에 처하였을 때 에는 스스로의 모습을 나타내어 영유의 정당성을 주장하는 것조차 꺼리지 않았던 것이다.

적대자에의 신벌

사령(社領)이 신이 군림하는 성스러운 지역이라고 한다면 거기 에 토지를 기부하는 것은 더할 나위없는 선행이고, 역으로 거기에 대한 부당한 침략이나 몰수는 신에 대한 공공연한 적대행위이다. 가마쿠라 시대에 편찬된 설화집『샤세키슈(沙石集)』는 신전(神田) 을 몰수하여 반환의 요청에 응하지 않았던 지두(地頭)가 신의 벌을 받아 광란하면서 죽어 간 모습을 생생하게 묘사하고 있다. 또 후지

---

3) 모쿠다이(目代)는 일본의 헤이안시대 중기부터 가마쿠라시대에 걸쳐서 요임국사(遙 任國司)가 현지에 사적인 대관을 파견한 가인(家人) 등의 대리인을 말하며 다른 말로 간다이(眼代)라고도 한다.

와라 모토요리(藤原基賴)라고 하는 인물이 1118(天永 元)년에 기타노 텐만구(北野天滿宮)에 제출한 기진상(寄進狀, 기부하는 취지를 적은 편지)에는 "혹은 말대에 이르러 이 신령(神領)을 국가의 토지로서 몰수하려고 하는 관리가 있으면 천만천신(天滿天神)의 명벌(冥罰)을 받아서 곧바로 직책을 잃고 금생과 내세의 바람은 모두 끊기고 자손은 멸망할 것이다"라고 하는 말이 보인다. 신은 이 세상과 저 세상에 걸쳐서 강렬한 상벌의 위력을 행사하면서 세속의 영주가 영지를 통치하는 것같이 군림하는 존재라고 관념화되었던 것이다.

앞에서도 언급한 것과 같이 신령의 관념이 강조되는 시기는 사원이 소유하는 장원을 '불토(仏土)', '불지(仏地)'라고 하는 이념이 앙양되는 시기와 겹치는 것이었다. 불토와 신령은 그 경계를 둘러싼 때에는 날카로운 대립을 보이는 때도 있었다. 그러나 그러한 표면상의 극복에도 불과하고 사령장원(社領莊園)을 불가침의 성지로 하는 관념의 앙양이 불국토의 논리 성장과 그 역사적 배경을 같이하는 것인 것은 분명하다. 그리고 양쪽 다 고대사회로부터 중세적 사회에의 이행에 따른 사찰과 신사 세력에 의한 장원지배의 성숙을 배경으로 하여 부상하여 오는 이념이었던 것이다.

이 때 장원영주 계층에 있어서는 스스로의 영지에 대한 국가나 근린 영주의 간섭과 침략을 배제하고 어떻게 그 곳을 배타적, 안정적으로 지배할 수 있을까가 최대의 과제가 되었다. 그것은 장원영주로서의 권문사사(權門寺社)에 있어서도 남의 일이 아니었다. 그 때 권문사사는 그 장원경영에 자신의 종교영주(宗敎領主)로서의 특성을 마음껏 활용하려고 하였다. 그것이 사사령(寺社領)의 장원을 신불이 군림하는 성스러운 지역('불토[仏土]', '신령[神領]')이었다고 하는 논리였다. '불토', '신령'에 손을 대면 엄한 불벌·신벌을 받을 것을 각오하라. —그들은 영지(領地)의 본원적 주권자로서의 불신(仏神)을 표면에 내세워 그들의 지배를 이데올로기 면에서 정당화하려고 한 것이다.

고대 '신의 토지'와의 차이

어느 일정 영역을 신성한 신의 지역으로 간주하는 관념은 고대에도 존재하였다. 그것은 종종 '신이 지배하는 땅'이라고 불리어졌다. 『만요슈(万葉集)』에서는 츠쿠바산(筑波山)에서＝노래할 때의 모습이 '이 산을 지배하는 신의 옛날부터의 자태'라고 표현되어 있다. 츠쿠바산은 신이 지배하는 토지였다. 그것은 중세에 성숙하는 '신령(神領)'의 관념과 어떤 차이가 있는 것일까.

태고 이래 일본열도에 사는 사람들은 자연 가운데 있는 다양한 것에서 '신'의 존재를 느낄 수 있었다. 수려한 자태를 한 산들이나 거대한 암석, 표지물이 되는 큰 나무 등이 종종 신령이 머무는 대상으로 간주되었다. 그 이외에도 해협이나 강, 비탈 등 모든 장소에 신들이 존재하였다. 이시다 이치로(石田一良) 씨는 이러한 신들의 독자적인 존재방식을 지적한 후에 일정 구역을 차지하는(우시하쿠, うしはく) 신들에 의하여 이 열도가 마치 벌집처럼 분열되어 간다고 하는 관념이 고대 일본의 공간의식이었다고 논하고 있다. 그러나 고

대 이전의 '신이 지배하는 땅'은 어디까지나 추상적 · 관념적인 차원이고 중세의 '신령(神領)'과 같이 눈에 보이는 경계선과 구체적인 수치로 나타낼 수가 있는 지배영역을 가지지 않았다. 그 때문에 고대에는 신령의 경계확정이나 그 침범을 둘러싸고 신사나 주변 영주와의 대립이나 재판을 하는 사태는 일어나지 않았다.

더구나 중세와 그 이전에는 신 그 자체의 이미지가 결정적으로 달랐다. 일본에서는 원래 신은 항상 일정한 장소에 진좌(鎭座)하고 있는 것은 아니다. 신들은 우리들이 만나고 싶다고 원하여도 인간 측의 형편만으로 만날 수는 없었다. 신은 기본적으로 마츠리 시기나 어느 일정 기간 중에만 제사의 장에 내방하는 것이었기에 마츠리가 끝나면 또 어딘가에 사라져 버리는 것이라고 생각하였다. 신이 특정신사에 상주한다고 하는 관념이 널리 사회에 정착하는 것은 겨우 율령국가의 형성기 이후였다.

고대에 비해 중세의 신들은 떠돌아다니는 존재는 아니었다. 항상 사전(社殿)의 안쪽 깊은 곳에 있고 날카로운 눈빛으로 끊임없이 이 세상을 계속 감시하며 일단 신사나 그 영지에 완급(緩急)하면 곧바로 행동을 일으키는 것으로 생각하였다. 신은 태고 시대와 같은 눈에 보이지 않는 존재는 아니고 때때로 노인이나 여성, 어린이의 모습을 하고 이 세상에 나타나 사람들에게 이것저것 지시를 내렸다.

이러한 인격신의 관념을 배경으로 하여 중세에 성숙하는 신령(神領)은 필연적으로 일정 영역을 배타 독점적으로 지배하려고 하는 강렬한 지향성을 가지고 있었다. 또 그 지배를 관통하기 위하여서는 국가나 다른 영주들과 정면으로 대결하는 것조차 마다하지 않았다.

한숨을 쉬는 신

고대에서 중세로 전환하는 과정에서 일본의 신들은 구체적인 모습과 시선을 이미지화하는 인격신으로서의 성격을 점차로 강화하였다. 또 신앙이 있는 자에게 깊은 은총을 부여함과 동시에 그에 반대하는 인간에게는 강력한 징벌을 내리므로 사탕과 회초리를 겸비한 두려워하여야 할 존재라는 관념이 있었다. 그러나 그것은 결코 신들이 절대자에 까지 상승한 것을 의미하는 것은 아니었다.

이하에 소개하는 것은 가마쿠라시대의 설화집『고콘죠몬쥬(古今著聞集)』에 수록된 하나의 설화이다.

> 사이쵸(最澄)의 제자로 제3자의 천태좌주(天台座主)가 된 자각대사 엔니(慈覚大師円仁)가 히에이잔에서 여법경(如法経)을 베껴 쓰고 있을 때의 일이다. 한 사람의 늙은 노인이 지팡이에 의지하여 겨우 산에 올라온 것을 본즉 "너무 괴로운 것이여. 내리(内裏)의 수호자이며, 이 여법경(如法経)의 수호자인데 나이를 먹어 점점 힘들어지게된 것이다"라고 말했다. 누구일까라고 생각하며 물어본즉 "스미요시(住吉)의 신입니다"라고 대답하였다.

이 설화는 최종적으로는 스미요시 신의 가호를 받은 천황과 천태종의 위신(威信)을 역설하는 것이지만 저명한 스미요시의 신이 노령을 극복하면서 산에 기어 올라오게 되는 노인의 이미지로 묘사되어 있는 것은 흥미롭다. 중세의 신은 사람들에 대하여 엄격한 상벌의 힘을 행사하는 정말로 두려워해야 할 존재였다. 그러나 결코 전지전능의 절대자는 아니었다. 신들은 다채롭고 풍부한 감정을 가지고 때로는 신 사이에 전투로 상처를 입고 피를 흘리며 때로는 약한 말을 하는 인간적인 면을 가진 이야기가 가득 있다.

2장
신과 부처와의 교섭

「春日本地佛曼茶羅」(東京國立博物館)

국가적인 신기질서(神祇秩序)의 해체와 신들의 자립이 중세로 향하는 신기계(神祇界)의 하나의 변화라고 한다면 지금 하나의 중요한 변화는 불교와의 전면적인 습합(習合)이다. 주요한 신들은 모두 부처의 수적(垂迹)으로 간주되어 불교적인 코스모로지 가운데 포함되었다. 중세의 신국사상은 이러한 농밀한 신불혼합의 세계로부터 탄생한 것이다.

1. 신불습합의 전개와 혼치스이자쿠설의 성립

신사의 사원에의 종속

일본에 불교가 전래한 것은 6세기경이었다. 『니혼쇼키(日本書紀)』의 기사에서는 백제로부터 불교가 전래하였을 때 그 수용 여부를 둘러싸고 조정내부에서 알력이 생긴 모습을 엿볼 수 있다. 전통적인 신기제사를 집행하는 일부 씨족의 반발은 있었지만 이후 불교는 순조롭게 일본열도에 뿌리를 내려 아스카(飛鳥)·하쿠오(白鳳)·덴표(天平)로 이어져 불교문화를 꽃피워 가게 된 것이다. 연이어 사원의 건립이나 출가자의 극적인 증가에도 불구하고 오랫동안 신과 부처의 상호 내적인 관계를 연결 짓지는 못했다. 그런데 나라 시대가 되면 새로운 움직임이 일어나게 된다. 일본의 신들이 불법의 수호신(守護神, 護法善神)으로서 위치지어지는 한편 신사 주변에 신궁사(神宮寺)라고 불리는 사원이 건립된 것이다. 에치젠노쿠니 케히 신궁사(越前國気比神宮寺)·와카사노쿠니 와카사 히코신간지(若狭國若狭彦神願寺)로 시작하여 가시마신궁사(鹿島神宮寺)·다도신궁사(多度神宮寺)로 이어지는 일련의 신궁사는 일본의 신들을 쓰다듬고 치료하기 위하여 신사에 인접하여 세워졌다. 신은 번뇌로 괴로워하는 중생의 한 사람으로 불교에 구제를 원하는 것이라고 믿었다. 그러나 그 경우에도 주역은 어디까지나 신사에 모셔진 신이고 사원은 아직 신을 위로하기 위한 부수적인 시설에 불과하였다.

그러나 헤이안시대 후반에 이르면 신궁사와 신사와의 힘 관계는 역전한다. 왕성진수(王城鎮守)로서의 높은 격식을 자랑하는 이와시미즈 하치만구(石清水八幡宮)에서는 원래 그 부속사원인 신궁사에 불과한 호국사가 역으로 신사를 지배하게 된다. 그것은 규슈(九州)의 미륵사와 우사하치만구(宇佐八幡宮)의 관계에서도 동일하였다. 이 이외에도 히에샤(日吉社)와 엔략쿠지(延曆寺), 가스가사(春日社)와 고후쿠지(興福寺)의 관계에서도 보이는 것과 같이 이세신궁을 제외한 대규모 신사의 대부분이 사가(寺家)의 산하에 들어가 그 통제에 복종하게 된다.

표면적으로는 불교를 기피하고 있는 것처럼 보이는 신궁조차도 가마쿠라시대 말기에는 공승(供僧)이 놓여져 경내에서 불교적인 법회가 개최되었다. 승려들의 사참(社参)이 성행하고 신관의 장례식도 불교식으로 행해졌던 것이다. 이렇게 하여 중세에는 어느 신사에서도 그 주도권은 승려의 손에 맡겨졌다. 무가의 도시인 가마쿠라의 중심, 츠루오카 하치만구(鶴岡八幡宮)를 지배한 것도 신궁이 아니고 별당(別当)·공승(供僧)이라고 불리는 천태종이나 진언종 출신의 승려들이었던 것이다.

본지불(本地仏)의 확정

신사와 사원과의 일체화가 진행되는 헤이안시대에는 사상적인 차원에서도 신과 부처의 교섭이 현저하게 진전되었다. 그 가운데서도 중요하다고 생각되는 현상은 혼치스이자쿠(本地垂迹)라고 불리는 새로운 사조의 탄생과 일본열도 전역에의 침투다. 혼치스이자쿠설은 신들이 일본 사람들을 구제하기 위하여 모습을 바꾸어 출현한 것이라고 파악하는 견해로 신불을 본질적으로는 동일한 존재라고 파악하는 특징이 있다.

나라시대 말기부터 우사하치만(宇佐八幡) 등의 신에 대해 '보살'이라는 호가 봉하여졌다. 또 헤이안시대에 들어오면 치쿠젠노쿠니 하코자키궁(筑前國筥崎宮)·오와리노쿠니 아츠타신사(尾張國熱田神社)·요시노 킨뿌센(吉野金峰山) 등에서는 제신(祭神)이 '곤겐(権現)'의 칭호로 불리어졌다. 곤겐이라고 하는 것은 부처·보살이 위엄 있는 신의 모습을 하고 이 세상에 나타난 것을 의미하는 것이고 혼치스이자쿠설의 사실상의 출발점을 의미하는 것이었다.

헤이안시대에는 이 사상의 유행에 동반하여 유력한 신사에서는 개개의 제신(祭神)마다 본지불(本地仏)이 정해지게 되었고 가마쿠라시대에는 거의 모든 신에게 본지가 특정되었다. 이와시미즈 하치만(石清水八幡)의 본지는 아미타불로 되어 구마노(熊野)에서는 본궁(本宮)·신궁(新宮)·나지(那智) 각각에 미타·약사·관음의 3불이 분배되었다. 아마테라스 오미카미의 본지를 관음보살이나 대일여래라고 하는 설도 퍼졌다.

신불습합의 심화에 동반하여 불교의 논리로 신기신앙을 해석한 산노신도(山王神道)나 료부신도(両部神道)가 성립하고 수적만다라(垂迹曼荼羅)·신상조각(神像彫刻)이라고 한 습합예술도 발전하였다. 오늘날도 많이 남아있는 수적만다라의 하나인 '가스가사사 만다라(春日社寺曼荼羅)'는 사실적인 필치로 가스가신사(春日神社)의 사두(社頭)의 경관을 묘사한 화면의 상부에 일궁에서 사궁까지 각각의 본지불을 그리고 있다. 이것은 혼치스이자쿠(本地垂迹)의 이념을 가시적으로 표현한 것에 지나지 않는다. 또『니혼쇼키』의 신화에 불교적 시점을 가미한 독자적인 해석을 한 새로운 타입의 학문인 중세 니혼키(日本紀)가 생겨나 중세 신화라고도 할 수 있는 사상세계가 발전하게 된다.

혼치스이자쿠설의 배경

헤이안시대에 혼치스이자쿠설이 설파되어 순식간에 일본열도를 석권(席巻)하게 되었던 원인은 무엇이었을까. 그 배경에는 10세기경부터 급속하게 진전하는 피안표상의 비대화와 정토신앙의 유행이 있었다. 사후세계(冥界·他界)의 관념은 물론 태고시대부터 존재하였다. 고고학적인 발굴조사 결과, 오늘날에는 죠몬인(繩文人)의 매장방법까지도 알려져 있다. 그러나 헤이안시대 전반까지 사람들의 주된 관심은 오로지 현세의 생활에 향해 있고 내세―피안은 그 연장에 불과하였다. 그러나 헤이안시대 중반부터 점차로 관념세계가 차지하는 피안의 비율이 증대하기 시작하여 12세기에 이르러서는 현세를 역전하였다. 이 세상은 결국 임시 거처지에 불과하다. 내세의 정토야말로 갈구하여야 할 진실의 세계이고, 현세의 생활 모두는 왕생실현을 위하여 되돌아보지 않으면 안 된다. ―이렇게 하여 이 세상과 단절된 사후세계로서의 타계정토의 관념이 정착하여 고대적인 일원적 세계관에 대한 타계―차토(此土)의 이중구조를 가진 중세적인 세계관이 완성되는 것이다.

이 시기에 왕생의 장소로서 피안세계를 대표하는 것은 훨씬 서쪽의 아득하게 먼 곳에 있다고 믿고 있었던 서방극락정토였다. 아미타불이 있는 극락정토에의 왕생은 정토신앙의 대명사로 되었다. 그러나 이 이외에도 관음보살의 보타락정토(補陀落浄土), 미륵보살의 보타락정토, 약사불의 조루리세계(浄瑠璃世界), 석가불의 영산정토(靈山浄土)라고 하는 다채로운 타계정토가 왕생하여야 할 땅으로서 사람들의 동경의 대상이 되었던 것이다.

말법변토(末法辺土)의 구제주

정토왕생에 인생의 궁극적 가치를 내걸었던 당시의 사람들에게 있어서 최대의 관심사는 어떻게 하면 정토왕생을 실현할 수 있을까라고 하는 문제였다.

정토신앙이라고 하면 곧바로 호넨(法然)이나 신란(親鸞)의 이름과 그들이 설파한 전수염불 사상이 떠오른다. 입에 염불을 외치면 누구나가 평등하게 극락정토에 갈 수 있다고 하는 것이 그 주장의 골자였다. 그러나 호넨이 등장하기 이전의 정토교에서는 염불과 같은 왕생을 위한 특효약은 존재하지 않았다. 왕생을 위한 행위는 셀 수 없이 많다. 그 가운데 어느 것이 좀 더 유효한 가를 둘러싸고 또 시행착오가 이어진 시대였다. 그러한 가운데 대부분의 사람들은 더욱더 효과적인 실현이라고 생각하고 있었던 것이 '수적(垂迹)'－신에의 결연(結緣)이었다.

헤이안시대 후기부터 급속하게 보급되는 불교적 세계관에서 보면 일본은 차토(此土) 가운데서도 그 중심에 있는 천축(天竺, 인도)으로부터 멀리 떨어진 '변토'라고 위치지어졌다. 더욱이 시대는 '말법'의 세상으로 거기에 태어난 사람들은 모두 근성(根性)이 비뚤어진 나쁜 사람이었다(序章 參照). 구제의 희망이 끊긴 중생이 무리지어 모이는 나쁜 세상이라고 하는 것이 당시의 일반적인 동시대 인식이었다. 이러한 사상 상황 가운데에서 말법변토의 구제주로서 수적이 부각되었던 것이다.

이 세상의 정토로서의 신사

그렇다고 하더라도 왜 수적(垂迹)－신에의 신앙이 정토왕생과 연결되는 것일까. 다음 문장이 그 관계를 단적으로 말하고 있다.

지금 일본은 석존이 입멸하고 2천 년을 경과한 말법시대에 있고, 천
축과 수만리 떨어진 벽지(僻地)에 있다. 여러 부처 보살은 이러한 세
계에 태어난 중생을 가엾게 여겨 우리들을 구제하여야 할 '신도'로서
'수적'한 것이다. 만약 신명(神明)이 출현하지 않았다고 한다면 우리
들은 어떻게 불법과 인연을 맺을 수가 있을까. 신은 현세의 다양한
기원을 가볍게 여겨도 사람들이 진지하게 생사의 세계로부터의 이탈
을 기원할 때는 중생을 피안에 왕생시킨다고 하는 본회(本懷)를 반
드시 나타내는 것이다(大意).

이것은 겐지(源氏)와 헤이케이(平家)의 흥망을 그린 중세의 전기
(戰記)문학, 『겐빼이죠스이키(源平盛衰記)』에 보이는 이야기이다.
이 한 문장이 단적으로 나타내는 것과 같이 수적—신이 이 세상에
출현한 이유는 말법변토의 중생을 올바르게 피안으로 인도하여 최
종적으로는 피안의 정토에 보내기 위한 것이었다. 따라서 수적이
있는 영지(靈地)·영장(靈場)에 발을 옮겨 귀의하는 것이 왕생에 있
어서 무엇보다도 가까운 길이라고 생각하게 되었다. 하치만신(八幡
神)의 영험을 설파하는 『하치만구도쿤(八幡愚道訓)』을 본(乙本)은
극락에 가고 싶으면 아미타불의 수적인 하치만신이 계시는 그 사단
(社壇)에 참배하면 된다고 기록하고 있다. 중세의 문헌에는 실제로
사람이 신으로의 왕생을 비는 이야기가 종종 등장한다.
현대인에 있어서 신은 오로지 현세의 이익을 관장하는 존재이다.
신사에서 사후에 관한 의식을 행하는 일은 우선 없었다. 사후의 구

제는 신의 임무가 아니고 부처의 역할이기 때문이다. 그러나 중세에는 사람들이 영혼을 정토로 보내는 역할을 담당하고 있었다. 그것은 신을 말법변토의 구제주로 파악하는 당시의 일반적인 인식을 전제로 한 것이었다.

2. 재앙 신과 벌하는 신

보이지 않는 신에서 보이는 신으로

신과 부처와의 친밀화와 동체화에 따른 일본의 전통적인 신들은 불교의 영향을 받고 그 기본적인 성격을 크게 변용시켜 가게 되었다. 율령국가의 성립기부터 신은 하나의 신사에 정주하고 있다고 하는 견해가 점차로 지배적으로 되었다. 이전에 신들은 정해진 모습을 가지지 않고 마음대로 유행(遊行)을 반복하는 존재였다. 신은 제사의 기도 때만 그 장소에 나타났다가 제사가 끝나면 어디론가 사라지는 것이라고 생각했다. 그러나 율령국가의 형성과 영구 도시의 건설은 이미 신에게 그러한 자유를 허락하지 않았다. 신은 항상 수도(都)의 주인인 천황 옆에서 24시간 왕의 신변을 보호하는 것을 요구받게 되었다. 왕권은 신이 그러한 기능을 수행할 수 있도록 왕성(王城) 내부나 그 근처에 훌륭한 사전(社殿)을 건설하고 정기적인 봉사와 제사를 보장하였다. 마치 신은 흡사 불전에 진좌하는 부처들과 같이 신사에 상주하면서 천황의 행동거지에 신경을 쓰는 것이 당연하게 되었다.

9세기에 들어오면 신의 신변 위에 또 다른 하나의 새로운 변화가 일어난다. 열도 각지에서 신상(神像)이 광범하게 제작된 것이다. 이미 논한 것과 같이 일본의 신은 본래 정해진 신체를 가지지 않았다. 그 신상의 제작을 통한 신의 가시화(可視化)·정주화(定住化)라고도 할 수 있는 변화과정은 신들의 역사를 논하는 데 획기적인 현상이었다. 사전(社殿)에 상주하여 왕권을 수호하는 신의 이미지는 신상(神像)의 출현에 의하여 한층 확실한 것으로 된 것이다.

신들의 성격의 합리화

불교와의 교섭에 따른 신들의 성격 변화의 하나가 정주(定住)와 가시화였다고 하면 다른 하나의 현저한 변화는 신들의 성격의 '합리화'라는 현상이었다. 고대 이전의 사회에 있어서 신들이 인간에 대하여 일으키는 작용은 종종 '재앙'이라고 불리어졌다. 그때 어느 신이 언제 어떠한 내용의 재앙을 내리는가는 통상의 인간이 예지 할 수 있는 범위를 넘어 있었다.

『히젠국 풍토기(肥前國風土記)』의 기사에 의하면 히메코소(姬社)라는 마을(鄕)에 난폭한 신이 통행하는 사람을 무차별하게 살해하는 일이 이어졌다. 곤경에 처한 사람들이 재앙의 이유를 물어 본즉, 치쿠젠국 종상군(筑前國宗像郡)의 가제코(珂是古)라고 하는 인물이 자신을 제사지내라고 하는 탁선이 있었다. 그 말에 따르니 곧바로 재앙이 사라졌다고 한다.

이 에피소드로부터 알 수 있는 것과 같이 재앙은 신으로부터 인간에 대하여 부여되는 일방적인 작용이고 지시였다. 재앙을 통하여 신이 어떤 행동을 인간에게 요구하였다고 하여도 대부분의 경우 그 이유는 논리적으로 설명할 수 있는 종류는 아니었다. 가제코에 신을 모신다고 하는 발상은 신으로부터의 지시가 없는 한 그 누구도 눈치 채지 못하는 것이고 제사에 의해 재앙이 진정되는 지도 전혀 알 수 없다. 그런데도 불구하고 인간이 신의 의사에 옳고 그름을 따지는 것은 허락되지 않았다. 재앙을 진정시키기 위해서는 아무리 납득이 가지 않는 비합리적인 명령이라도 신의 요구에 무조건 따를 수밖에 없었던 것이다.

반축사(返祝詞)의 성립

헤이안시대 중반 경부터 신과 인간과의 관계는 분명하게 변화를 보이기 시작한다. 그 하나의 현상이 천황에 의한 신사행행(神社行幸)의 개시와 반축사 제도의 확립이다. 천황과 신기(神祇)는 고래부터 밀접한 불가분의 관계에 있다고 생각되기 쉽지만 10세기에 들어올 때까지는 천황 자신이 신사에 발을 내딛는 일은 없었다. 신사행행(神社行幸)의 성립은 승평(承平)·천경(天慶)의 난이 진정(鎮定)된 후인 942(天慶 5)년이 되어서이다.

그때 주목되는 것은 이 제도의 창설(創設)에 따라서 가모사(賀茂社)나 이와시미즈사(石淸水社)에서 '반축사(返祝詞)'라고 불리는 새로운 의식이 탄생하는 것이다. 이것은 신사행행(神社行幸)에 있어서 천황의 사자에 의한 신전에서의 센묘주상(宣命奏上)에 대하여 신이 축하의 말을 통하여 회답의 축사(노리토, 祝詞)를 헌납하는 것이다. 그 내용은 봉헌된 물건들을 확실히 수납하였다고 하는 감사의 말과 그 답례로서 왕권수호의 확약이 중심을 이루고 있었다. 신이 천황에 대하여 직접 회답한다고 하는 이 의례는 그 자체만으로 흥미를 끄는 것이지만 신과 인간관계라고 하는 측면에서도 새로운 관계가 형성되었음을 알 수 있다. 여기에서 신은 천황의 행위에 반응하여 그 신체의 보호를 약속하고 있다. 신은 이미 일방적으로 인간에게 복종을 요구하는 입장은 아니었다. 말이나 행위를 중개하는 것에 의하여 사람과의 응수가 가능한 존재로 변화하여 가는 것이다.

물론 신들의 천황수호라고 하는 관념은 이미 『니혼쇼키』에도 확실히 나타나 있다. 영구도시 건설에 따라서 그 사상이 강화되었던 것은 이미 논한 대로이다. 그러나 그 한편으로 신은 예상 불가능한 의사를 가지고 예측 불가능한 재앙을 돌발적으로 내린다고 하는 신비적인 성격을 일관되게 계속 가지고 있었던 것이다. 반축사의 주체인 가모신(賀茂神)도 또한 헤이안시대 초기까지는 천황의 몸에 종종 재앙을 내렸다. 반축사의 성립은 그러한 신들이 '비합리적'인 옷을 벗어던지고 인간과의 대화가 가능한 '합리적'인 존재로 부상되었음을 단적으로 말해주는 현상이라 할 수 있다.

재앙에서 벌로

신들의 합리화 현상의 다른 하나는 신의 작용을 형용하는 말로서

'재앙'을 대신하여 '벌'이라는 말을 사용하게 되는 것이다. 예를 들면 12세기부터 작성되기 시작하는 기청문(起請文)에 관하여 생각하해 보기로 하자. 기청문은 중세 문서를 대표하는 양식이고 중세를 통해 방대한 수가 작성되었다. 거기서는 서약의 감시자로서 반드시 신들이 권청(勸請)되지만 그들 신의 작용은 모두 '벌'로 기록되어 '재앙'으로 기록한 것은 하나도 보이지 않는다.

다른 한편 신과 '재앙'을 연결시키는 기술 방법은 '벌'의 대두에 비례하여 헤이안시대 후반기부터 점차로 감소한다. 헤이안시대 후기를 전환으로 하여 신은 '재앙'을 내리는 존재로부터 '벌'을 부여하는 존재로 그 기본적인 성격을 변화시켜 간다. 여기에서 하나의 의문이 생긴다. 벌이라고 하는 말이 단순하게 재앙을 다른 표현으로 말 바꾸기 한 것에 불과한 것인가 그렇지 않으면 표현의 변화에 따른 신 그 자체의 기능에 어떠한 근본적인 변화가 생긴 것인가라는 문제이다. 이 점에 관해서는 벌이라고 하는 말의 용례를 들어보면 '상벌'이라고 하는 형태로서의 '벌'이 '상'과 세트로 출현하는 경우가 많이 보인다. 신이 벌을 내리기만 하는 존재가 아니고 경우에 따라서는 사람들의 행위를 칭찬할 수도 있다고 생각한 것이다.

그 때 신이 상벌을 내리는 기준은 신 자신과 그가 수호하는 불법에 대한 '신(信)', '불신(不信)'이었다. 불신은 종종 '벌'이라고 하는 말로 바꿀 수 있다. 올바른 신앙이야 말로 신이 인간에게 요구하는 것이었다. 신은 신심(信心)을 요구하고 사람들의 태도에 응하여 상벌을 내린다. ―신이 인간에게 어떤 초월적인 힘을 행사하는 점에서는 재앙과 상통하고 있는 것처럼 보이지만 그 구조는 전혀 이질적이다. 고대 이전의 신의 재앙은 신으로부터의 일방적인 지시였다. 그런데 중세의 신은 미리 사람이 행하여야 하는 명확한 기준을 제시하고 그것에 엄격하게 대응하는 존재로 파악하기에 이르렀다. 또한 인간 측에서의 행동 선택의 자유와 신에 대한 주체적인 작용이 인정되었다. 반축사에 보이는 것과 같이 사람과 신과의 관계는 응수가 가능한 것으로 변화하고 있다. 그러한 인간과 상호 의존관계에 있는 신의 모습은 '고세이바이 시키모쿠(御成敗式目)'[1] 제1조의 "신은 사람의 존경에 의하여 위력을 높이고, 사람은 신의 덕에 의하여 운을 더 한다"라고 하는 말로도 알 수가 있다.

헤아리기 어려운 의사를 가진 '비합리'적인 존재로부터 인간의 행위에 엄격한 응보를 내리는 '합리적' 존재로 우리들은 여기에서 고대로부터 중세에의 전환기에 생긴 신들에 대한 성격의 근본적 변화를 알 수가 있다.

성덕태자(聖德太子)와 선광사(善光寺) 여래의 서신

헤이안시대 후기에 신들의 성격의 '합리화'라고도 할 수 있는 현상이 급속하게 진전하는 가장 중요한 요인은 혼치스이자쿠설의 정착에 따른 신불의 동체화였다고 생각된다.

피안의 부처들은 차토(此土)의 인간을 구제하는 것을 궁극적인 목적으로 하고 있었다. 그러나 서방정토의 아미타불을 시작으로 하는

---

1) 가마쿠라 막부(鎌倉幕府)의 기본 법전으로 1232년 호조 야스토키(北条泰時)가 편찬하게 한 51개조의 성문법(成文法)이다.

부처들은 탁하고 악한 세상에 사는 중생에게 있어서는 너무나도 인연이 먼 것이었다. 말법의 나쁜 사람에게 눈에 보이지 않는 다른 세계의 부처를 믿는 것은 도저히 불가능하였다.

그래서 부처는 중생구제를 위하여 일시적인 모습을 취하고 이 세상에 수탄(垂誕)하여 뚜렷한 영험을 행하는 것에 의하여 중생에게 불법과의 인연을 연결시키려고 하였다. 그것이 일본의 신들이었던 것은 이미 논한 대로이다. 그러나 당시 수적으로 간주되었던 존재는 실은 신만이 아니었다. 중세 일본에서는 당사(堂舍)에 진좌하는 불상이나 특별한 힘을 가지고 있다고 믿었던 성인도 또한 피안의 부처인 수적으로 보았다.

聖德太子坐像(法隆寺聖靈院) 사진제공 飛鳥園

고대나 중세의 문헌을 들여다보면 현대인의 감각으로 생각하면 아주 믿기 어려운 에피소드가 그럴듯하게 논하여진 장면과 종종 만난다. 그러한 에피소드의 하나가 성덕태자(聖德太子)와 시나노(信濃)의 선광사 여래(善光寺如来)가 편지를 주고받았다고 하는 것이다.

이 왕복서간 가운데서 성덕태자는 선광사 여래를 가리켜 우둔한 중생을 인도하기 위해 이 세상에 화현(化現)한 '부처가 멸한 후의 스승'이라며 극찬하고 있다. 선광사 여래도 또한 성덕태자가 사람들의 구제에 열심인 '보살'이고 '대도사(大導師)'라고 하고 있다.

중세에 선광사 여래는 종종 '생신여래(生身如来 석가모니여래)'라고 불렸다. 살아있는 몸(生身)과는 먼 세계로부터 이 세상에 화현했다는 것을 의미하는 호칭이고 우선 생생한 존재감을 가진다고 의식되어 이 형용이 즐겨 사용되었다. 한편 성덕태자의 본지(本地)가 관음보살인 것도 다양한 전승으로서 널리 유포되어 있어 중세에는 거의 상식에 속하는 것이었다. 성덕태자도 선광사 여래도 피안으로부터 현세에 화현하였다고 하는 점에 있어서는 등질(等質)의 존재였던 것이다. 불상과 성인의 서신 교환이라고 하는 전설이 성립하는 전제에는 이러한 양자의 이미지의 공통성이 있었던 것을 간과하여서는 안 된다.

다양한 수적(垂迹)

당시 사람들에게 있어서 당사(堂社)에 진좌(鎮座)하는 불상은 모두 무불(無仏)의 중생을 구제하기 위하여 이 세상에 화현한 수적이었다. 한편 특별한 힘을 가지고 있다고 믿었던 성인도 또한 수적으로 간주되어 있었다. 성덕태자만이 아니고 전교대사(伝教大師)도 고호대사(弘法大師)도 호넨(法然)·신란(親鸞)도 또한 수적이었다. 이들 수적은 상벌의 위력을 가지고 중생을 불법으로 결연(結緣)시켜 최종적으로는 피안으로 인도하는 것을 사명으로 한 것이다.

혼치스이자쿠(本地垂迹)의 이론은 단순히 부처와 신을 연결시키는 것이 아니다. 인간이 인지하지 못하는 피안세계의 부처와 이 현실세계에 실재하는 신이나 부처와의 결합 이론이었던 것이다.

혼치스이자쿠설의 사상적 연원의 하나로 천태교학(天台教学)의 본적(本迹)의 이론이 지적되어 있다. 지(智)를 시조로 하는 중국 천태에서는 『법화경』에 설파되는 '구원실성(久遠実成)의 부처'와 인도에서 탄생한 역사적 사실로서의 석가의 관계를 본(本)과 적(迹)의 이론으로 설명한다. 우주의 근원적인 진리(구원실성의 부처)가 사람들을 구제하여야 할 육체를 갖춘 석가로서 이 세상에 화현한 것을 본지불의 수적이라고 하는 형태로 해석하려고 하는 것이다. 이 논리로부터 알 수 있는 것과 같이 본지(本地)—수적이라고 하는 발상자체가 본래불(本来仏)—신의 관계에 한정되는 것만은 아니었다. 눈에 보이지 않는 피안의 본불(本仏)이 중생이 인식할 수 있는 구체적인 모습을 하고 이 세상에 출현하는 것을 의미한 것이다.

오늘날 일본인이 알고 있는 상식과는 달리 중세에서는 본지(本

地)·수적의 관계는 반드시 부처·신의 구분과 대응하는 것이 아니었다. 오히려 구제를 사명으로 하는 피안의 부처(本地)와 상벌권(賞罰権)을 행사하는 차토(此土)의 신·부처·성인(聖人, 垂迹)이라고 하는 분류가 당시 사람들의 실감에 준한 명계(冥界)의 구분이었던 것이다.

중생을 불법으로 인도하는 신

'비합리'로부터 '합리적'이라고 할 수 있는 신들의 성격의 변모는 이러한 명계(冥界)의 세계관 형성에 따라서 그 가운데에 수적, 즉 차토(此土)의 신불로서 조합되는 과정에서 생긴 것으로 추측된다. 신의 기능을 형용하는 말로서 많이 사용되는 '벌'이라고 하는 개념이 일본에서는 원래 부처와 관계되었던 것이라는 점이 그것을 증명한다.

수적의 역할은 중생을 진정한 신앙에 눈뜨게 하여 불법에로 결연(結縁)시켜 궁극적으로는 구원으로 인도하는 것이었다. 수적과 신은 그 스스로가 지고한 존재가 아니고 불법을 넓히기 위하여 이 세상에 파견된 것이다. 따라서 그 위력도 신의 자의(恣意)에 의한 것이 아니고 사람들을 각성시키기 위하여 사용해야 하는 것으로 사람들의 태도에 응하여 때로는 그 행위를 좋게 하고 때로는 엄한 벌을 내려 그들을 올바른 방향으로 인도하려고 하는 것이다.

여기에 이르러 이미 신은 헤아리기 어려운 뜻을 임기응변적으로 강요하는 재앙 신은 아니었다. 신은 불상이나 성인과 같이 본지불

의 사자로서 그 성스러운 사명을 실현하기 위해서만 그 위력을 행사
하는 것이 허락된 존재가 된 것이다.

3. 혼치스이자쿠설의 역사적 의의

보편적 진리의 현현(顯現)으로서의 신

　혼치스이자쿠설의 유포는 부처와 신이 서열관계에 있어서 접합
된 것을 나타냄과 동시에 신들이 상호 수평적인 관계로 연결되어 가
는 것을 의미하는 것이었다. 혼치스이자쿠설은 이미 논한 대로 개
개의 신의 배후에 본지(本地)로서의 불보살의 존재를 상정하는 것이
었다. 그 본지의 불보살도 궁극적으로는 전 우주를 포섭하는 단 하
나의 진리(法身佛)에 용융(溶融)되는 것이라고 보았다. 그러한 세계
관에 따르면 얼핏 상호 무관계한 것처럼 보이는 개개의 신들도 모두
유일의 궁극적 실재로부터 파생한 것이었고 본질적으로는 동일한
존재인 것이다.
　정해진 몸을 가지지 않는 궁극의 법신불(法身佛)은 다양한 모습
을 하고 민중을 복되게 하려고 한다. 모습만 다를 뿐 양자는 다른
것이 아니다. 법신불은 인도의 상대(上代) 사람들에게는 불보살의
모습으로 출현하여 중생을 구제한다. 지금의 일본은 변방지역에
있고, 좁쌀만 한 작은 섬이다. 아무도 이러한 도리를 분별하지 못
하고 불법을 믿으려고도 하지 않는다. 말법시대의 이러한 완고하

고 조폭(粗暴)한 중생에 대해서 법신불은 과감하게 자애의 마음으로 악귀사신(惡鬼邪神)이나 독사맹수(毒蛇猛獸)의 몸을 나타내어 그 무리들을 굴복시켜 불도로 인도하려는 것이다. 그러니까 타국에 인연이 있는 모습만을 중시하여 말법에 맞는 형태로서 출현한 신을 업신여겨서는 안 된다. 일본은 신국으로서 신이 수적이 되는 것이다(大意).

신이 존중되는 이유

이것은 무주(無住)라고 하는 승려가 저술한 가마쿠라시대의 설화집, 『샤세키슈(沙石集)』에 나오는 말이다. 이 말에 의하면 일본의 신이 종종 무서운 모습의 여우·뱀 등 동물의 모습을 나타내는 것도 모두 부처의 자비심에 근거한 것이었다. 그 개개의 신들은 궁극적으로는 우주에 널리 충만한 유일한 진리=법신불의 현현(顯現)인 것이다. 모든 신의 배경에는 공통적인 진리의 세계가 존재한다. 이러한 이념은 '신들의 하극상'의 풍조 가운데서 라이벌 의식을 노골적으로 드러내는 방자한 자기주장을 반복하여 끊임없이 문제만을 일으키는 중세의 신들의 세계가 완전히 무질서의 상태에 빠지는 것을 방지한다고 하는 중요한 기능을 수행하게 되었다.

가모노 쵸메이(鴨長明)의 작품으로 알려져 있는 『홋신슈(発心集)』는 그 말미 부분에서 마을 가운데나 길 옆에 큰 나무가 한 그루, 두 그루 보이는 곳은 모두 신의 거처지이고 신은 부처가 사악한 인간들을 인도하기 위하여 수적이 된 것이기 때문에 어느 것도 소중히 여기지 않으면 안 된다고 논하고 있다. 또 가마쿠라시대의 전통불교계를 대표하는 학승인 정경(貞慶)이 기초한『고후쿠지 주상(興福寺奏状)』은 사이쵸(最澄)나 엔신(円珍)이라고 하는 고승이 신을 숭상한 예를 들면서 신기불배(神祇不拜)를 주장하는 전수염불을 비판하며 '권화(權化)의 수적'을 숭상하여야 할 필연성을 역설하고 있다.

중세 사람들에게 있어서 신은 모두 부처의 중생구제의 뜻을 가지고 이 세상에 출현한 수적이라고 인식했다. 그러한 연유로 그 명칭이나 소재지 기능을 초월하여 무조건 숭상하지 않으면 안 되는 존재였다.

기청문(起請文)의 신불

혼치스이자쿠 사상에 대표되는 불교적 이념이 수행한 역할의 하나가 지금 논한 것과 같이 신들을 연결시키는 기능이었다고 하면 또 다른 하나는 일본의 신들이 신불세계 전체에서 차지하는 위치를 나타내는 공간적인 좌표축(座標軸)의 기능이었다.

다음의 자료를 참고하여 주기 바란다.

敬白 請起請文事
右、元者、弁意 覚縁 賢長已上西金堂 忠賀 良盛已上東金堂 自今以後、
離東西金堂衆、於一向法華堂衆不可兼業仕候、上件条若虚言申者、
自上梵天·帝釈·四大天王奉始、三界所有神祇冥道、殊大仏八幡冥顕境界

之罰、已上五人輩、各身八万四千毛穴可罷蒙状、所請如件、敬白、
承久4年正月19日
（署判略）

이것은 고후쿠지(興福寺) 동서 곤도슈(金堂衆)를 겸하고 있던 벤이(弁意) 등이 도다이지(東大寺)의 법화당중(法華堂衆)에 전념한다는 것을 맹세한 1222(承久 4)년의 기청문이다. 여기서 주목하고 싶은 것은 '자상범천(自上梵天)·제석(帝釈)·사대천왕봉시(四大天王奉始)'(위로 梵天. 帝釈. 사대천왕을 시작으로 받든다)라고 하는 말로 시작되는 후반의 '신문(神文)'의 부분이다. 최초에 등장하는 '범천·제석·사대천왕'은 '천부(天部)'라고 불리는 대륙으로부터 도래한 불교 수호의 신들이다.

신불의 서열

불교적인 세계상에 의하면 우리들이 거주하는 이 현실세계(娑婆世界)의 중심에는 수미산(須弥山)이라고 하는 고산(高山)이 우뚝 솟아 있고 그 상공으로부터 순서에 따라 아래로 향하여 범천(梵天)·제석천·사천왕이 사는 세계가 있다고 되어 있다. 여기에서는 그러한 중층적인 여러 천의 서열 아래에 '삼계(三界)의 모든 신기명도(神祇冥道), 특히 대불팔번(大仏八幡)'이라고 하는 형태로 일본의 신들이나 불상이 위치지어져 있다. 이러한 서열은 어느 기청문을 봐도 같은 것이다. 예외는 존재하지 않는다. 일본의 신은 성스러운 존재라고 하여도 세계 전체로부터 보면 보잘것 없는 일본열도의 극히 일부를 지배하고 있는 것에 불과하다. 천상으로부터 사바세계 전체를 감시하는 범천(梵天) 등의 천부(天部)의 제존(諸尊)에 비하면 그 능력에는 분명한 차이가 있다. 이러한 당시의 공통인식이 기청문의 신들의 서열의 배후에 존재하였던 것이다.

『기타노텐진엔기(北野天神縁起)』에서는 한(恨)을 삼킨 스가와라 미치자네(菅原道真) 영혼이 궁정에 접근하여 복수를 하려고 하였을 때 자신은 이미 범천과 제석의 허가를 얻었다고 한다. 일본의 신과 범천·제석과의 사이에 확실한 실력 차는 여기에서도 알 수 있다. 일본의 중세에는 이 현실 세계의 주재자(主宰者)='사바세계의 주인'인 범천 이하, 제석천(帝釈天)·사천왕·일본의 신기(神祇)로 이어지는 중층적인 신들의 서열이 시대의 코스모로지로서 사람들에게 공유되어 있었던 것이다.

4. 명계(冥界)의 코스모로지

도교의 신

여기에서 유의할 것은 중세의 코스모로지를 구성하고 있던 명중(冥衆)은 불교의 수호신과 일본의 신기에만 머물지 않았던 점이다.

다음으로 제시하는 것은 1302(正安 4)년에 작성된 '아야베 토키미츠라 키쇼몬(綾部時光等起請文)' 신문중(神文中)의 권청신(勧請神)의 목록이다.

범왕(梵王)·제석(帝釈)·사대천왕(四大天王)·염마법왕(炎魔法王)·오도대신(五道大神)·태산부군(泰山府君), 일본제일웅야(日本第一熊野)·금봉(金峯)·왕성진수제대명신(王城鎮守諸大明神)·어사대불(御寺大仏)·하치만보살(八幡菩薩)

여기에서도 범천·제석천·사천왕·일본의 신기(神祇)라고 하는 서열이 전제(前提)되어 있는 것을 곧바로 이해할 수 있다. 이 신불의 목록 가운데에 염마(閻魔)·오도대신(五道大神)·태산부군(泰山府君) 등, 도교와 관계가 깊은 중국 전래의 신들이 등장하고 있는 것은 주목할 가치가 있다. 염마는 인도로부터 불교와 함께 중국에 전래된 신이지만 도교에 수용되어 주요한 신의 하나로 되었다. 오도대신(五道大神)은 그 권족(眷族)이다. 또 태산부군(泰山府君)은 중국의 명산인, 동악태산을 신격화한 것으로 인간의 수명을 좌우하는 신으로 인식되었다.

이 기청문에서는 도교계의 신들은 기청문의 필두(筆頭)에 권청(勧請)되는 천부(天部)의 제존의 차위의 자리를 차지하고 있다. 그 신들은 일본의 신불 앞에 등장하고 있다. 이 서열은 중세의 어느 기청문에 있어서도 예외는 아니다.

다채로운 명중(冥衆)들

나는 앞에서 기청문의 신불의 서열은 수미산을 세계의 중심이라고 생각하는 불교적 세계관에 근거한 것을 지적하였다. 수미산이 상공에 있고 사바세계 전체를 부감(俯瞰)하는 범천이하의 천부(天

部)의 제존은 당연한 것이지만 도교의 신들이 일본만을 수비의 범위로 하는 일본 신불의 상위에 위치지어져 있다. 그러한 기청문의 서열에 있어서 도교의 신들이 일본의 신불 앞에 등장하고 있는 것은 그들이 신격으로서는 아마테라스 오미카미를 시작으로 하는 일본신의 위에 위치하는 것을 의미하고 있다고 추정된다.

그 배경에는 염마왕(閻魔王)이나 오도대신(五道大神)·태산부군(泰山府君)을 시초로 신들이 일본의 신불보다도 이 사바세계의 광범한 지역을 커버하고 있다고 하는 관념이 있었던 것이다. 중국에 있어서도 일본에 있어서도 사자는 같은 염마왕 등의 신에 의해 심판되었던 것이다.

이 이외에도 기청문에는 어령이나 역병신이라고 하는 신불의 범위로 정리하지 못하는 신격이 종종 등장한다. 불교적 세계관은 부처와 신기뿐만 아니고 당시 실재한다고 믿어졌던 거의 모든 주요한 명중(冥衆)을 공간적으로 위치지어가는 좌표축으로서의 역할을 수행하고 있었던 것이다.

좌표축으로서의 불교적 세계상

나는 1장에서 신궁과 아마테라스 오미카미를 정점으로 하는 고대적인 신들의 질서가 여러 신의 상승지향에 의하여 붕괴되고 중세에 들어오면 신기(神祇)의 세계에 전국적 상황이 도래하는 것을 논하였다. 불교적 이념은 그러한 신들의 제각각의 자기주장이 뒤섞인 정세 가운데서 신들의 융화를 재촉하는 새로운 논리와 좌표축을 제공하는 것이었다. 고대적인 구속으로부터 해방된 일본의 신들은 혼치스이자쿠설에 의하여 다시 상호 결합함과 동시에 인간계와 명계(冥界) 양쪽을 관통하는 장대(壯大)한 불교의 코스모로지 가운데에 지금 논한 것과 같은 형태의 위치를 차지한 것이다.

중세의 신들은 드디어 불교로부터 격리된 순수한 신기세계(神祇世界) 그 자체 안에서 상호 결합과 자기 위치를 확인하기 위한 논리를 표출할 수는 없었다. 국가의 방패막을 잃은 아마테라스 오미카미는 모든 신들을 통합하는 권위를 잃어버리게 되었다. 불교적 이념이 사회에 공유되는 중세에 일본의 신들은 출자(出自)를 달리하는 다른 명중과 함께 불교적 세계관 속에 완전히 몸을 감추기 시작하고, 스스로 있어야 할 안정된 위치를 차지하는 것이 가능하게 된 것이다.

국가권력에 의한 강제를 배경으로 한 고대의 신기계(神祇界)의 서열과는 달리 불교이념을 배경으로 하는 중세의 신들의 질서는 어디까지나 관념적인 차원에 머무는 것이었다. 그러나 '신들의 하극상'의 상황 가운데서 이러한 이념이 사회에 정착하여 공유되었던 것은 경시할 수 없다. 그것은 22사 제도와 동시에 고대적인 서열을 타파하고 자립을 이루고 있던 신들이 끊임없는 분열이나 대립으로 향하여 결국은 신들의 세계를 혼란과 무질서가 지배하는 것을 저지하는 기능을 담당하게 되었다.

아마테라스 오미카미를 정점으로 하는 강고하고 고정적인 상하의 서열이 고대적인 신들의 세계라고 하면 중세적인 그것은 횡적으로 나란히 고통을 감수하는 유력한 신이 불교적인 세계관에 들어가서 그 이념을 유대로 완만하게 결합한 것이었다. 우리들은 지금까지 2

장에 걸쳐서 고대부터 중세에 이르기까지 신들의 변모와 신을 둘러싼 제도와 이념의 변동을 개관하였다. 다음 장에서는 본격적으로 '신국' 관념 그 자체를 분석하고자 한다.

3장
신국사상의 성립과 변용

「八幡手迹曼茶羅」(來迎寺)

『니혼쇼키』에 처음으로 모습을 나타내는 신국의 관념은 신국 내부로부터 불교 등 외래의 요소를 극력 배제하고 신기세계의 순수성을 확보하려는 지향성을 가지고 있었다. 이에 대하여 원정기(院政期) 경부터 신의 나라와 부처의 나라와의 모순 없는 공존을 인정하는 전혀 다른 형태의 신국 관념이 떠오른다. 불교의 토착화와 혼치스이자쿠설의 보급을 배경으로 하여 신불이 온화하게 조화를 이루는 중세적인 신국사상이 출현한 것이다.

1. 고대에 있어서 '신국의 관념'

신국의식의 시원

일본을 '신국'으로 간주하는 이념은 역사적으로 어디까지 거슬러 올라갈 수가 있을까. 나라시대 초기에 완성되는 일본 최초의 정사(正史)인 『니혼쇼키』에는 이미 그 관념을 나타내고 있다. 아래에 소개하는 것은 그 가운데 '신공황후기(神功皇后紀)'의 일절이다.

신라정벌로 유명한 신공황후는 군단을 이끌고 신들이 가르치는 대로 배 뒤를 고정한 줄을 풀어서 신라로 향하여 출범했다. 천신지기(天神地祇)의 수호를 받아 배는 순조롭게 항해를 계속하여 무사하게 목적지에 도달할 수가 있었다.

이 대선단(大船団)을 눈앞에 한 신라의 왕은 "동방에 '신국'이 있다고 들어본 적이 있다. 일본이라고 하는 명칭이라고 한다. 또 거기에는 성왕이 있어 천황이라고 불린다. 이것은 그 일본의 '신병(神兵)'들임에 틀림없다. 도저히 칼로서 무찌를 수가 없다"라고 말하고 백기를 들고 항복하였다.

여기에서는 신라왕의 입을 빌리는 형태를 취하여 '일본'이 명확하게 '신국'이라고 규정지어져 있다. 이 전후의 문맥에 있어서 신공황후와 그 군단이 신들의 보호 아래 있는 것이 집요하게 강조되어 있는 점으로 보아 신의 수호야 말로 일본의 신국다운 연유가 있었다고 생각하였다.

같은 『니혼쇼키』로부터 다른 예를 들어보자. 긴메이 천황(欽明天皇) 13년(6세기 중반)의 사건으로 불교를 받아들일 것인가 말 것인가에 관하여 잘 알려진 논쟁이다. 조정에서는 백제의 성명왕(聖明王)으로부터 보내진 석가상을 예배하여야 할 것인가 말아야 할 것인가를 둘러싸고 격한 논쟁을 하였다. 반대파의 급선봉(急先鋒)이었던 모노노베(物部)·나카토미(中臣) 이 두 사람은 "천황이 왕다운 것은 천지의 신들을 사계절 절기에 따라 제사지내기 때문이다. 지금 그것을 새롭게 '번신(蕃神)'(다른 나라의 신)'을 믿으면 나라의 신이 반드시 노한다"고 강하게 주장하였다.

이 논의에서는 신국이라고 하는 말은 사용하지 않지만 일본을 고

유의 신이 지키는 성스러운 국토라고 파악하는 점에서는 신공황후
기의 주장과 일치하고 있다.『니혼쇼키』를 편찬하는 단계에서 그 편
찬자 사이에는 이미 일본을 신의 나라로 간주하는 의식이 존재한 것
이다.

신국의식의 배경

  1장에서 언급한 것처럼 7세기 후반부터 일본열도에서는 천황을
중심으로 하는 강력한 통일 왕권이 형성되고 있었다. 그 천황의 권
위를 지지하는 역할을 담당한 것이 황조신인 아마테라스 오미카미
이다.『고지키』나『니혼쇼키』에는 아마테라스 오미카미가 신의 기
둥으로서 재편성되었던 신들의 세계가 그려져 있었다. 따라서 거기
에 천황과 국토의 수호자로서의 신의 관념이 농후하게 보이는 것은
어떤 의미에서는 당연한 것이었다.
  그러한 성립의 유래로부터도 알 수 있는 것처럼 처음으로 이 열도
상에 출현하는 일본=신국의 이념은 신들에 대한 소박한 숭배의 연
장선상에서 자연발생된 것은 아니었다. 새로운 통일왕권 형성과 신
들의 재편성을 배경으로 하여 생긴 것으로 당초부터 이데올로기적
색체가 극히 농후한 것이었다.
  『니혼쇼키』의 신국사상의 배경으로서 빠트릴 수 없는 것 중의 하
나로는 그 성립배경에 대외관계가 강한 영향을 미치고 있다는 것이
다. 수세기에 걸쳐서 신라 · 백제 · 고구려의 3국이 패권을 다투고
있던 한반도에서는 당과 체결한 신라가 대두하여 660년에는 양국

연합군의 공격을 받은 백제의 왕도가 함락되었다. 덴치천황(天智天皇)은 백제로부터의 요청에 의하여 한반도에 출병하였지만 663년 백촌강(白村江) 전투에서 당나라 군대에 대패하여 백제 부흥의 꿈은 물 건너갔다. 그 후 후고구려도 또 당에 의하여 멸망당하여 조선 반도에서는 신라와 당과의 대립이 새로운 이슈로 떠오르게 된다.

이러한 국제정세 가운데서 672년에 즉위한 덴무천황(天武天皇)에 있어서는 당과 신라의 군사력에 어떻게 대응할 것인가라고 하는 문제는 매우 절실한 정치과제가 되었다. 특히 당의 세력을 기반으로 통일을 이룬 신라는 일본에 있어서 심각한 위협으로 간주되었다. 『니혼쇼키』의 신라 정벌의 에피소드도 거기에 등장하는 '신국'의 이념도 새롭게 조선 반도의 패자(覇者)가 된 신라를 강하게 의식하여 거기에 대항하기 위하여 창작되었다고 하는 성격이 강하게 나타나 있다.

신라 침입과 신국의식

일본을 신의 나라로 생각하는 의식은 8세기 초의 『니혼쇼키』 단계에서는 아직 그다지 표면화되지는 않았다. 역사상으로도 '신국'이라는 용어가 처음으로 일정 체계를 갖추고 출현하는 것은 9세기 후반의 세이와(清和)천황의 시대에 와서이다.

869(貞観 11)년 신라의 것으로 생각되는 배 두 척이 치쿠젠(筑前, 福岡県)에 내항하여 약탈을 행한 사건이 있었다. 그에 더하여 그 해는 각지에서 지진이나 풍수해가 끊임없이 이어져 세상은 소연한 상

황을 맞이하였다. 위기감을 안고 있는 조정은 군사 면에서의 대응책을 마련하는 한편 신불의 조력을 얻기 위하여 여러 지역의 사원에 대하여 불교경전의 전독(転読, 法会에서 행하는 독특한 경전의 읽는 방법)을 명하였다. 또 여러 지역의 신들에게 봉폐(奉幣)를 행함과 동시에 이세(伊勢)나 이와시미즈(石清水)·우사(宇佐) 등의 유력 신사에 고문(告文, 신에게 바치는 문서)을 바쳐서 국토의 안온을 기원하였다. 이 고문 가운데에 '신명(神明)의 나라', '신국'이라고 하는 용어가 여기저기에서 보인다. 이 시기 신라와의 관계를 의식하는 가운데 처음으로 자각적으로 '신국'의 자기규정이 사용되었다.

일련의 고문의 최초가 되는 정관(貞観) 11년 12월 14일의 이세신궁의 고문을 보기로 하자. 이 고문은 당시 빈발하는 재해를 언급한 내용으로 대략 이하와 같이 논하고 있다.

신라와 일본은 오랜 기간에 걸쳐서 적대관계를 유지하여 왔다. 듣는 바에 의하면 그 신라가 이번 국내에 침입하여 조물(調物)을 약탈한 사건이 있었다고 한다. 우리 조정은 오랜 기간 전쟁을 경험하지 않았기 때문에 경비를 게을리 하고 있었고 전란은 정말로 두렵고 무서운 것이다. 우리 일본은 소위 신명(神明)의 나라이다. 신명이 수호하고 있는 한 어떠한 적도 가까이 올 수가 없다. 더욱이 황송스럽게도 아마테라스 오미카미가 우리나라의 대조(大祖)로서 군림하는 이상 절대 타국의 이류(異類)들이 섞이는 침범을 묵시할 수가 없다. 황대신(皇大神)이시여 부디 우리들의 소원을 받아들이시어 구적(寇賊)이 내습하려고 할 경우는 황대신이 국내의 여러 신들을 지휘하여 그것을 미연에 방지하여 주십시오. 또 적들의 계획이 진행되어 병선(兵船)이 도달하려고 하였을 때는 국내에 침입하기 전에 처부수어 바다에 가

라앉혀 주시기 바랍니다. 그리고 우리나라가 '신국'으로서 외경(畏敬)
되어 온 연유를 새롭게 세상에 나타내어 주십시오.

이 이외에도 '국가'의 큰 재앙, '백성'의 깊은 근심을 가져오게 하는 모
든 재난을 미연에 방지하여 나라의 평안을 성취하고 주야를 구분하
지 않고 '황어손(皇御孫)의 어체(御体)'를 영원히 지켜주시기를 기원
합니다.

신들이 지키는 것

여기에서는 신공황후의 신라 원정 이래, 일본이 '신국'으로 불리어
져온 전통을 논하고 외구(外寇)를 방지하기 위하여 '신명(神明)의 나
라'로 신들의 가호를 요구하게 되었다. 그 때 일본을 지켜야 하는 신
이라는 것은 문장 중에 명확하게 나타나 있는 것처럼 아마테라스 오
미카미에 인솔된 국내의 모든 신들이었다.

그것과 거의 같은 내용의 고문(告文)이 같은 달 29일 부로 이와시
미즈(石清水)에 다음 해에는 우사(宇佐)·향추(香椎)·종상각사(宗
像各社)에 봉헌되었다. 이 신들이 신국 일본을 대표하여 다른 여러
신을 이끌어가면서 '국가'를 수호하는 역할을 담당하고 있었던 것
이다. 그 가운데서도 고문이 봉헌된 순서나 수사의 사용법으로 보
아 신들 사이에는 이세를 필두로, 그 다음 이와시미즈(石清水), 그
리고 우사(宇佐) 이하의 여러 신사라고 하는 서열이 있었던 것을 엿
볼 수 있다. 이들 일련의 고문에는 아마테라스 오미카미의 지휘 하
에 이와시미즈(石清水)를 시작으로 하는 유력 신이 그것을 보좌하
면서 나라 중의 여러 신을 이끄는 '신국'에 적대하는 세력을 격퇴한

다고 하는 구도가 나타나 있는 것이다. 또 여기에서 말하는 신들이 진호하여야 할 '국가'가 현대적인 의미에서의 그것과는 전혀 다른 것이었던 점을 유의할 필요가 있다. 그것은 추상적인 의미에서의 국토 일반을 가리키는 것으로도 거기에 사는 사람들을 내용으로 하는 것이 아니었다. 고대 일본에 있어서 '국가'라고 하는 말은 통상 천황 개인의 신체를 의미하였다. 국가 개념이 보다 널리 국토와 인을 포섭하는 경우도 있었지만 그것은 국토의 혼란과 인민의 곤란이 천황 지배의 동요를 가져올 위험성이 있기 때문이고 인민의 안온이 '호국'의 중심적인 의미를 이루는 일은 없었다. 이들 고문에서도 신들이 지켜야 할 대상은 궁극적으로는 '황어손(皇御孫)의 어체(御体)'라고 하는 말로 표현되어 황손으로서의 천황 한 사람에게 수렴하는 것이었다.

나라시대에서 헤이안시대의 정관(貞観)에 이르기까지 '일본=신국' 관념은 아마테라스 오미카미의 취지하에 유력한 신들이 일정한 서열을 유지하면서 천황과 그 지배하의 국토·인민을 수호한다고 하는 점에 있어서 공통적인 내용을 가지고 있었다. 이것을 '고대적'인 신국사상이라고 부르기로 하자.

신불분리의 전통

이상의 것에 더하여 이 시기의 신국사상의 특색을 하나 더 지적해 두기로 하자. 그것은 '신국' 개념이 불교적 요소가 전혀 포함되어 있지 않다는 점이다. 6세기에 일본에 불교가 전래한 이래 전통적인 일본의 신들을 외래의 부처·보살과 어떻게 연관지을까하는 문제는 지배층이나 지식인들에게 있어서 피할 수 없는 과제가 되었다. 그 물음에 대한 회답으로서 우선 생겨난 것이 신을 부처에 의하여 구원하여야 할 번뇌구족의 중생으로 위치지우는 설과 신을 불법의 수호자로서 보는 호법선신(護法善神)설이었다. 그것이 마침내 혼치스이 자쿠설로 발전하여 가는 것은 1장에서 논한 대로이다.

앞에서 예를 든 고문에서도 하치만신(八幡神)은 '대보살'이라고 불리고 있다. 하치만신은 불교에서 말하는 보살(菩薩, 부처 다음으로 이상적인 인격)에 필적하는 존재라고 믿고 있었던 것이다. 또 신의 국토수호의 힘을 증진시키기 위하여 신전(神前)에서 경문(経文)을 읽는 것도 당연한 것으로 생각하게 되었던 것이다. 그러나 다른 한편으로 고대에서는 공적인 장소에서의 신과 부처와의 준별(峻別, 神仏隔離)은 꽤 철저하였다. 그것은 오히려 헤이안시대에 들어와 자각화되어 제도화되어 간다. 헤이안시대에 편찬된 법전이나 의식서(儀式書)에서는 츠키나미노 마츠리(月次祭)·니이나메사이(新嘗祭)라고 하는 천황과 관계되는 궁중제사가 실시될 경우, 내리(內裏)에 승려의 참가는 금지되어 있었다. 천황이 쉽게 불교에 접하는 것은 기본적으로 금기시하였고 특히 신사의 의식을 행하는 것은 엄하게 금지되었다. 당시의 지배계층은 불교의 사회적·사상적 영향력이 증가되어 가는 가운데서 천황과 관계되는 신사(神事)에 대해서만 신들의 세계의 순수성을 지키려고 한 것이다.

궁중의 건물에 있어서도 공식행사의 장소인 대극전(大極殿)은 붉은 색으로 칠한 기둥과 기와지붕을 가지고 기단상(基壇上)에 솟아있는 것에 반해 천황의 일상생활을 보내는 청량전(清涼殿)은 가시와기(白木) 기둥과 회나무 껍질 지붕이었다. 천황의 신변 가까이에는 가능한 외래의 요소를 배제하려고 하는 의식이 존재한 것으로 판단된다.

불교적 요소의 배제

신사(神事)와 불사(仏事)의 분리라고 하는 기본원칙은 고대의 '신국'의 개념에 직접적으로 반영되었다. 다음에 예를 드는 것은 신궁관계(神宮関係) 기록을 모은 『대신궁제잡사기(大神宮諸雜事記)』중의 기술이다.

> 용명천황(用明天皇)의 즉위 2년(587)에 성덕태자와 모노노베 모리야(物部守屋)가 서로 전쟁을 하였다. 그 원인은 불법을 일본에 전파시키려고 한 성덕태자를 일본 조정이 '신국'인 것을 이유로 '불법'의 정지를 기획한 모리야가 태자를 살해하려고 한 것이었다.
> 그때 성덕태자는 16살이었다.

이미 논한 것처럼 『니혼쇼키』 긴메이키(欽明紀)의 불교숭배 논쟁에 있어서 배불파의 주장의 근거는 "천황이 왕다운 것은 천지의 신들을 사계절 각 절기에 제사를 지내는 것에 의한다"라고 하는 것이었다. 『대신궁제잡사기』에 보이는 불교 배격의 논리가 그러한 입장을 계승하는 것은 의문의 여지가 없다. 일본의 신과 외래의 부처와는 본래 이질적인 존재이고 이 주장과 같이 확실히 적대하는지 어떤

지는 별도로 하더라도 적어도 양자는 분리되어야 한다는 관념이 고대적인 신국관의 하나의 골격을 구성하고 있었던 것이다.

이 점을 좀 더 상세하게 설명해두고 싶다. 후지와라 유키나리(藤原行成)의 일기『곤키(権記)』의 1000(長保 2)년 정월(正月) 28일의 기사이다. 그 가운데 유키나리(行成)는 중궁(中宮) 이하의 관계자가 모두 출가하여 버렸기 때문에 신사(神事)를 행할 사람이 없는 것을 한탄하며 "우리나라는 신국이다. 신사를 우선 한다"라고 기록하고 있다. 불사(仏事)도 신사를 구별하여 신국의 내용을 행하는 것은 신사 쪽이라고 하는 발상을 가지고 있었다는 것을 알 수 있다.

우다천황(宇多天皇)은 매일 아침 이세(伊勢)를 시작으로 하는 사방의 신들을 참배하는 '시호하이(四方拝)'를 시작한 것으로 알려져 있다. 우다천황은 그 이유로서 일기에 "우리나라는 신국이다. 그러므로 매일 아침 사방의 대중소(大中小)의 천신지기(天神地祇)를 경배하기로 하였다"(888年)라고 하는 말을 실었다. 또 도요우케궁(豊受宮, 伊勢外宮)이 넘어져 파괴되어 버린 사건을 언급한 후지와라 스케후사(藤原資房)의 일기『춘기(春記)』에는 "이 나라는 신국이기 때문에 원래부터 경계를 엄중하게 하는 일이 없다. 단지 그 신의 도움을 의지할 뿐이다"(1040년)라고 하는 기술이 있다.

이와 같은 기록서에도 신국의 내실(内実)을 이세(伊勢) 중심의 일본의 신들만으로 한정하려고 하는 고대적인 발상을 발견할 수 있다.

2. 중세적 '신국'에의 전환

신국사상의 전파

우리들은 아마테라스 오미카미를 정점으로 하는 신들의 질서를 전제로 하여 신국의 범주로부터 불교적 요소를 가능한 한 배제하려고 한 것이 일본열도상에 전개되는 최초의 신국 관념이라는 것을 알아보았다. 이 고대적인 신국 관념은 이후 현대까지 변함없이 계승되는 것일까. 혹은 어떠한 형태의 변용을 보이는 것일까. 이 문제를 생각하려고 할 때 먼저 주목되는 것은 원정기 경부터 일본을 신국이라고 하는 표현이 급속하게 증가하기 시작하는 것이다. 나아가 그것은 이전과 같이 정사나 천황·귀족의 일기라고 하는 지배자 측의 기록에 머물지 않고 다종다양한 매체로 빈번하게 모습을 나타내고 있는 것이다.

예를 들면 가마쿠라시대의 설화집인『고콘죠몬쥬(古今著聞集)』는 "대개 우리나라 조정은 신국으로서 대소신기(大小神祇), 부류(部類)·권족(眷族), 권화(権化)의 도(道), 감응에 두루 통하는 것이 있다"라고 기술하고 있다. 같은 가마쿠라시대에 불교 설화를 모아 기록한『시쥬햐쿠인넨슈(私聚百因縁集)』에는 "일본국은 신국이고 신의 이생(利生, 부처가 중생에게 주는 이익)은 현저하다. 몇 백주(百柱)의 신들이 계실지도 모른다"라고 기록되어있다. 또 아즈마국(東國)을 중심으로 하여 유포한 신들의 전설을 집성(集成)한『신도집(神道集)』에는 "우리나라 조정은 원래부터 신국이기 때문에 백팔십주(百八十柱)의 신을 비롯하여 1만3천7백 곳의 신은 모두 그 공덕이 훌륭합니다"라는 기록도 보인다. 많은 신들이 국토의 곳곳에 존재하고 나날이 현저한 영험을 나타내고 있는 것이 일본이 신국인 이유였던 것이다.

신국을 구성하는 이 다수의 신들은 국가를 수호한다고 하는 공통의 사명을 띠고 있는 존재였다. 1202(建仁 2)년에 오즈(大津)의 히요시 신인(日吉神人)이 지두(地頭)의 횡폭을 본사에 호소한 해상(解狀)은 어느 신사도 진호국가를 표방하는 점에서는 일치하고 있어 신이 나라를 지키기 때문에 일본은 '신국'으로 간주되는 것이라고 논하고 있다. 『하치만구도쿤(八幡愚童訓)』은 '삼천여좌(三千余座)의 신기(神祇)'가 지키는 이 신국을 도대체 누가 기울일 수가 있을 것인가라고 기록하고 있다. 이러한 주장은 많은 신들이 국가수호라고 하는 역할을 담당하고 공존하고 있는 것을 설파하는 점에서 얼핏 이전 시대의 신국 관념을 그대로 이어받은 것처럼 보인다. 그러나 한 차례 신국을 구성하는 개개의 신 관념과 '진호국가'의 의미에 눈을 돌렸을 때 그것은 이미 이전의 신국사상과 동일하지는 않았다.

'신령(神領)'과 '신국'

우선 앞에서 언급된 개개의 신의 관념을 살펴보기로 하자. 원정기 이후의 신국 의식을 지탱하는 신들은 1장에서 논한 것과 같이 율령제하에서의 고정적인 서열을 타파하고 자립과 상승을 이룬 존재였다. 또 상호 라이벌 의식을 불태워 틈이 있으면 신기계(神祇界)의 정점에 서려고 하는 우수한 인격적인 존재였다. 그러한 중세의 신들은 각각 세속(世俗)의 영주와 같이 특정 영역을 지배하고 있다는 관념을 가지고 있었던 것이다.

1184(寿永 3)년 2월에 기소 요시나카(木曽義仲)를 무너뜨리고 기내(畿内)를 지배하에 둔 미나모토 요리토모(源頼朝)는 고시라카와 호코(後白河法皇)에 대하여 4개조로 된 정치방침의 실시를 신청하였다. '제사(諸社)의 일'이라고 제목을 붙인 그 제3조에는 "우리나라는 신국이다. 왕년의 신령에 어긋나서는 안 되며 각각의 신령이 새롭게 증가되어야 한다"라고 하는 말이 보인다. 여기에 '신국'과 '신령'이라고 하는 두 개의 개념이 등장하는 것에 주목하여 주기 바란다. '신국'이 국토 전체에 관련된 관념인 것에 반하여 신국을 구성하는 개개의 신이 점거하는 토지(社領莊園)는 '신령'으로 되어있다. 그 신령의 증가가 지시되어 있는 것으로부터도 알 수 있는 것과 같이 신령은 '신이 계시는 땅'이라고 하는 막연한 개념이 아니고 부가나 삭감이 가능한 구체적인 수치로 표시할 수 있는 특정영역을 가리키는 것이었다. 신국은 신들이 점유하는 무수히 많은 신령으로 이루어진 것이라고 관념되어 있었던 것이다.

이상 나는 원정기 이후의 신국사상에 눈을 돌렸을 때, 신국을 구성하는 신들의 관념이 그 이전의 것과 비교하여 크게 변화된 것을 지적하였다. 그 결과 신국의 관념도 또한 고대와는 이질적인 것으로 변용하였다. 고대의 신국이 아마테라스 오미카미 이하의 신들에 의하여 수호된 천황이 군림하는 단일의 공간이었던 것에 반하여 중세의 신국은 개개의 신이 지배하는 신령의 집합체라고 볼 수 있다.

한편 신들의 공통과제였던 '진호국가(鎭護國家)'는 어떠한가.

고대에는 신들이 수호하여야 할 '국가'라고 하는 것은 그 유일의 대표자인 천황이었다. '국가'를 진호하는 것은 즉 천황을 수호하는 것이었다. 그런데 중세가 되면 이전에 일체화된 것으로 파악되던 '국가'와 천황이 분리되는 현상이 광범위하게 보인다. 그 결과 고대와 중세에는 신불이 지켜야하는 '국가'의 의미가 크게 전환된다. 이것은 매우 중요한 문제이기 때문에 천황의 문제와 관련시키면서 장을 바꾸어 논하기로 한다(5장).

수적(垂迹)하는 신

앞에서 고대적인 신국사상에 대한 중세적인 신국사상의 특색이 신국을 구성하는 신의 관념에 관계되는 것임을 지적하였다. 이에 더하여 다른 하나의 특색을 든다고 하면 그것은 신을 부처·보살의 수적으로 보는 혼치스이자쿠(本地垂迹)사상이 그 배후에 존재한 다는 것이다. 몽고침략의 위기감이 고조되는 가마쿠라시대 후기에 활발하게 이국항복(異國降伏)의 기도를 행하여 신국사상을 고취한 인물로 도간에안(東巖慧安)이라고 하는 선승이 있다. 에안(慧安)은 몽고침략에 즈음하여 "말세의 세상 끝에서 끝까지 일본이 여러 나라 가운데 우수한 나라다"('고카쿠 젠지 키간카이뱌쿠몬[宏覚禪師祈願開白文]')라고 읊고 있다. 그 에안(慧安)은 일본이 '신국'인 것을 강조하는 기원문 가운데서 다음과 같이 논하고 있다.

> 지금 일본국은 올바른 불법을 가지고 나라를 다스리게 된 이래, 천신지기(天神地祇)와 그 부류(部類)·권족(眷族)이 국계(國界)에 충만하여 초목·토지·산천 늪 모든 곳에 걸쳐서 수적화광(垂迹和光)의 지역이 아닌 곳이 없다. 각각 그 위력을 나타내어 제각기 훌륭한 모습을 나타내고 있다.

여기에서는 일본의 국토에 존재하는 모든 신들이 '수적화광'(부처의 수적)이라고 명언하고 있다. 혼치스이자쿠설이 사회의 통념으로 변화한 중세에 있어서는 신국일본을 구성하는 신들도 당연히 부처가 화현(化現)한 모습으로서 파악하게 되었다. 그것은 '애국자'로서 유명한 에안(慧安)에 있어서도 예외는 아니었다.

신국의 배경으로서의 혼치스이자쿠

일본=신국의 주장과 신들의 수적(垂迹)을 관련지은 기술은 중세의 여러 문헌에서 볼 수 있다. 1224(貞応 3)년, 엔랴쿠지(延暦寺)의 승도(僧徒)가 법연류(法然流)의 전수염불(專修念仏)의 금지를 요구하면서 조정에 제출한 요구서인 (「엔랴쿠지 다이슈게, 延暦寺大衆解」)에는 "우리나라는 신국이다. 신도를 숭상하는 것은 나라의 업무이다. 삼가 여러 신의 근원이 되는 원류를 찾아보면 여러 부처의 수적이 아닌 것이 하나도 없다"라고 하는 말이 보인다. 몽고침략 전후에 성립된 설화집 『샤세키슈(沙石集)』에는 "우리나라는 신국으로서 대권(大権: 仏菩薩의 変化)이 수적으로 나타나 계신다"라고 하는 기술이 있다. 이러한 견해는 신도측에서도 수용되고 있었다. 산노신도의 교리서인『요덴키(耀天記)』는 다음과 같이 논하고 있다.

> 일본은 원래부터 신국으로서 나라 곳곳에는 진수(鎮守) 명신(明神)이 신성한 울타리를 치며 도리이(鳥居)를 나타내고 계십니다. 그 수는 연희식(延喜式)으로는 3천 122곳으로 정해져 있지만 1만3천7백여사(余社)라고 하는 설도 있습니다. 어떻게 되었든 간에 확실한 수는 모르지만 신들의 본지(本地)는 모두 과거의 여래, 법신의 대사(大士)인 것이다.

이러한 기술은 모두 혼치스이자쿠설과 결합된 형태로 일본=신국이라는 주장이 제기되어 있다. 이러한 논리는 중세에는 얼마든지 다른 주장으로 나타낼 수가 있다. 혼치스이자쿠 사상은 중세에는 사회의 구석구석까지 침투되어 있었다. 신국을 구성하는 일본의 신들은 모두 부처의 수적으로 그 의미에 있어서 신불은 본질적으로 동일한 존재였다. 피안과 차안의 이중구조적인 세계관을 전제로 먼 타계의 부처가 신으로서 수적하여 있기 때문에 신국이라는 논리야말로 중세 신국사상의 특색이었던 것이다.

서로 겹치는 신국과 불국

여기에서 '신국'과 '불국'도 이미 이전과 같이 서로 배척하는 관계는 아니었던 것을 알 수 있다. 아구이류(安居院流)의 창도집(唱導集)

『덴보린쇼(転法輪抄)』는 "우리나라는 신국이다. 신을 숭상하는 것을 조무(朝務)로 한다. 우리나라는 또 불지(仏地)이다. 부처를 숭상하는 것으로 국정(國政)을 이룬다"라고 논하고 있다. 니치렌(日蓮)의 손자제자(孫弟子)인 니치모쿠(日目)[1]가 1333(元弘, 3)년에 저술한 신상(申狀)에는 "우리나라는 신의 나라이다. 신은 예가 아닌 것을 받아들이지 않는다. 삼계는 모두 부처의 나라이다. 부처는 방법(謗法)을 경계한다"라고 하는 말이 보인다. 후시미천황(伏見天皇)의 1293(正応 6)년의 제문(祭文)에 "우리나라는 신국으로서의 맹(盟)이 있다. 이 경계는 불계(仏界)와 인연이 있다"라고 기술하고 있다. 이와 같이 '불국'의 불계와 '신국'의 신주(神州)의 대비적 표현은 중세의 사료에 빈번하게 나오는 것이다.

무로마치시대(室町時代)의 선승 즈이케이 슈호(瑞溪周鳳)는 그의 저서『젠린코쿠호키(善隣國宝記)』라고 하는 저작에서 '일본은 신국인데 왜 불교자의 왕래를 기록하는 것인가'라고 하는 자문(自問)에 답하여 "신국이 동시에 불국인 연유를 모르기 때문에 그러한 의문을 가지는 것이다. 이 나라의 모든 신은 모두 수적(垂迹)이다. 그 근원은 삼세(三世, 즉 과거, 현재, 미래)의 여러 부처이며, 십지(十地 여러 수행단계)의 대보살이다. (中略) 신도 부처에 귀의하는 것이니 그것을 불국이라고 부르지 않고 무엇이라고 할까"라고 논하고 있다.

---

1) 日目(にちもく, 文応元年4月28日(1260年6月8日) − 元弘3年/正慶2年11月15日(1333年12月22日))는, 日蓮生存中に身延山にて日蓮に常随給仕していた。法華宗の草創期において富士門流を率いた僧侶の一人。日興の高弟、本六の一人。日蓮正宗、日蓮本宗などでは第三祖に列せられている。

중세사회에 있어서는 개개의 신이나 불상=수적(垂迹)이 지배하는 신령(神領) · 불국토의 차원에서는 경계화정(境界画定) 등을 둘러싸고 상호 대립이 생기는 것은 일상적인 현상이었다. 그러나 전국토적 차원에서는 신국과 불국은 어떠한 모순 없이 공존할 수 있었다. 신국의 내실로부터 가능한 불교적 요소를 배제하려고 한 고대의 경우와는 달리 중세에서는 신국은 동시에 불국이었던 것이다. 중세에 있어서 '신국'은 이와 같이 불보살의 수적인 신들이 지배하는 개별적 구체적 영역의 가산적집합(加算的集合)으로 이루어지는 것이다. 당시의 사회통념으로는 일본 각지에 진좌하는 불상도 또한 신과 같이 타계의 부처 · 보살의 수적으로 간주하였다. 따라서 신국은 각 사원의 본존이 지배하는 불국토를 그 내부에 포함하는 것이 가능한 개념이었다.

중세적 신국관의 특색

나는 앞에서 고대에서 중세에 이르는 신들의 변모를 아마테라스오미카미를 정점으로 하는 신들의 질서의 해체와 각 신들의 자립 및 신들의 불교적 세계관에의 포섭이라고 하는 2가지 점으로 파악하였다. 이러한 변용이 신국의 관념에도 그대로 투영되어 있는 것을 알 수 있을 것이다. 각각의 영지(神領)을 배타적으로 지배하는 신은 기원에 응하여 사람들에게 이익을 부여함과 동시에 거기에 간섭이나 침범을 행하는 것에 엄벌을 내리는 인격신으로 파악하고 있었다. 그 때문에 상호 이익의 대립이나 사사령(寺社領)의 귀속을 둘러싸고 개개의 불신(佛神) 사이에 예리한 긴장관계가 생기는 것도 있었다. 신들 사이에 싸움이 벌어지는 장면도 드문 일은 아니었다. 그러나 신들의 총체에 의하여 구성되는 신국을 언급하는 단계가 되면 이미 신은 당파적인 이해관계에 근거하여 행동하는 존재로는 간주되지 않았다. 신은 모두 국가의 진호(鎭護)라고 하는 점에 있어서 같은 역할을 담당하고 있었다. 그리고 그 신들을 결합시키는 논리는 신기(神祇)의 세계 내부에 있는 것이 아니고 공통의 배경을 이루고 있던 불교적 세계관이 그 기능을 제공하고 있었던 것이다.

3. 신국 일본의 경계

'일본' 영역의 자각화

우리들은 여기까지 일본을 신국이라고 보는 관념이 고대부터 중세로 향하여 변용하면서 성숙해가는 모습을 살펴 보았다. 여기에서 한 가지 확인해두지 않으면 안 되는 것은 당시의 사람들이 신국 일본의 범위를 어떻게 파악하고 있었던 것인가라는 점이다.

최초에 '신국'이라는 말이 등장하는 『니혼쇼키』에서는 신국 일본과 대치하는 존재는 조선 반도의 신라였다. 또 신국의 언어가 처음으로 정리된 형태로 출현하는 정관년간(貞観年間)의 경우에 있어서도 역시 의식하던 것은 신라였다. 양쪽 경우 모두다 신라라고 하는 타자를 거울로 하여 천황이 군림하고 신들이 수호하는 하나의 체계를 갖춘 국가영역 '일본'이 조정(措定)되어 있다.

일본열도상에서는 7세기 말부터 율령제도의 도입에 따른 국군제(國郡制)가 시행되어 국토의 문절화(文節化)가 진행되었다. 천황에 의하여 통치되는 각 지역의 국군(國郡)의 총체가 신국의 영역을 형성한다고 간주되었다. 율령국가의 형성에 의한 신국이념을 지탱하는 구체적인 영역이 확정되었음에도 불구하고 나라시대까지는 일본과 외부를 구분 짓는 경계에 관해서 아직 명확한 이미지가 고정화되지는 않았다. 무라이 쇼스케(村井章介) 씨는 일본에 있어서의 왕토사상의 전개를 검토하는 가운데서 국가영역이 닫힌 공간이고 동서남북 사방의 경계 지명(境界地名)='사지(四至)'에 의하여 기술된다고 하는 관념은 9세기가 되어서 처음으로 탄생한다고 지적한다. 그리고 그 닫힌 공간으로서의 국가의 관념이 처음으로 정식화된 것이 『정관의식(貞観儀式)』 소수(所収)의 츠이나노 마츠리문(追儺祭文)이다.

그 제문(祭文) 중에는 국내의 곳곳의 마을에 숨어서 사는 '더럽고 나쁜 역귀(穢く惡き疫鬼)'에 관하여 '사방의 경계인 동방은 무츠·서방은 원치가(遠値嘉, 五島列島)·남방 도사(南方土佐)·북방 사도(北方佐渡)로부터도 먼 곳을' 그 거주지로 정하고 그곳에서 쫓아 내야한다는 것이 기록되어 있다. 그곳은 역귀(疫鬼)를 추방하여 청정을 유지해야 할 공간으로서 사방의 경계에 의하여 구분된 명확한 국가영역의 관념을 나타내고 있다. 이 신성해야 할 영역이야 말로 고대인이 상정한 신국의 범주였던 것이다.

소토가하마(外が浜)와 귀계(鬼界)의 섬

헤이안시대 중기에 확정되는 '일본'의 경계에 대한 이미지는 이후 약간의 수정을 거치면서도 중세까지 계승된다. 그 변경점에 대해 우선 동방에 관하여 말하면 경계지역이 '무츠(陸奧)'로부터 '소토가하마(外が浜)'로 이행한 것이다. 무츠국(陸奧國)은 고대에는 동북지방의 태평양측의 지역을 가리키는 호칭이었다. 단지 9·10세기의 단계에서는 무츠의 영역은 아오모리현(青森県)까지 달하지는 않았다. 원래 넓게 보아도 겨우 무츠로쿠군(奧六郡)이 설치된 이와테현(岩手県) 중남부(盛岡盆地의 北辺까지)가 그 범위에 들어가는 정도였다. 그에 대해 소토가하마는 반대편 언덕에 '에조지마(夷島)'(北海道)를 바라보는 현재의 아오모리현(青森県)의 리쿠무츠만(陸奧湾)의 해안선을 의미하는 것이라고 생각되고 있다. 고대에서 중세로 전환되는 과정에서 아즈마(東)의 국경선은 본주(本州)의 북쪽의 소토가하마와 대치되어 사용되는 최북단까지 북상하기에 이른 것이다. 한편 서방에 관하여 말하면 경계가 '귀계의 섬(鬼界島)'이었다. 귀계의 섬은 이설은 있지만 일반적으로는 가고시마현(鹿児島県)의 남방에 떠 있는 이오지마(硫黄島)가 그것에 해당된다고 한다. 즉 '시카가타니의 음모(鹿ケ谷の陰謀)'로 헤이케이(平家) 측에 잡힌 도시히로(俊寛)·야스노리(康頼)·나리치카(成親)의 3명이 유배된 지역으로 알려져 있다.

소토가하마·귀계의 섬을 대표로 하는 중세 일본의 경계 관념은 고대와 비교하면 매우 구체적으로는 되었지만 명확한 한 줄의 선으로 명시되는 근·현대의 국경과는 아직 큰 차이가 있었다. 우선 그것은 '선(線)'이라고 하기 보다는 유동적으로 일정한 폭을 가지는 '면(面)'으로서 이미지 되어 있었다. 동쪽 경계로서 소토가하마만이 아니고 '에조지마(夷島)'(北海道)를 포함하는 사료(史料)도 볼 수 있다. 본주 최북단(本州最北)의 리쿠무츠만(陸奥湾)으로부터 홋카이도(北海道)에 걸쳐서 대상(帯状) 지역이 '일본(本州)'으로부터 그 이외의 지역으로 이행하는 경계영역으로 간주되었던 것이다. 오늘날의 국경과 중세의 경계를 구별하는 다른 하나의 특색은 전자(前者)가 순연(純然)한 정치적·세속적 관념으로부터 설정된 것에 대하여 후자는 농후한 종교적 색채를 띠고 있다는 것이다. 국왕이 통치하는 국가가 동시에 신국이라고 하는 성스러운 존재로 관념되던 중세에는(古代에도) 국가의 영역이 필연적으로 종교적 의미를 띠게 된 것이다.

『정관의식』에서는 경계의 저 멀리가 역귀추방의 지역으로 되어 있었던 것은 이미 언급하였다. 『와가즈마카가미(吾妻鏡)』에는 아와지(淡路)의 나라에 출현한 아홉 개의 발이 있는(九本足) 말을 소토가하마까지 끌고 가서 놓아주도록 명령하였다는 기사가 보인다. 같은 『와가즈마카가미(吾妻鏡)』에는 츠가루(津軽) 해안에 죽은 자와 같은 형태를 한 기괴한 큰 물고기가 올라왔다고 하는 뉴스도 기록되어 있다. 경계지역은 세속적인 의미에서의 국경인 동시에 사악하고 불길한 존재가 추방되는 지역이었다. 거기는 또 소와 같이 검은 색 털의 체모가 진하고 말이 통하지 않는 사람들(『헤이케이모노가타리(平家物語)』)이 거주하여 사령(邪靈)이 발호(跋扈)하여 다양하고 기괴한 현상이 일어나는 타계와의 접점으로서 이미지 되어 있었던 것이다.

용이 지키는 섬

가나가와현립(神奈川県立) 가나자와문고(金沢文庫)에는 인접하는 쇼묘지(称名寺)로부터 기탁된 다수의 문화재가 보관되어 있다. 그 쇼묘지 고문서 가운데에 행기도(行基図)라고 불리는 타입의 한 장의 '일본지도'가 있다. 이것은 일본의 서쪽 반이 비늘을 가진 무엇인가의 동체(胴体)로 생각되는 것이 둘러 쌓여 있는 그림이다. 동 일본을 포함하는 왼쪽 반이 없어졌기 때문에 오늘날은 이 그림의 전체 모습과 동체의 동물의 정체는 알 수가 없다.

구로다 히데오(黒田日出男) 씨는 다른 현존하는 행기도(行基図)로부터 일본의 국토를 둘러싼 거대한 동물이 용이었다고 추정한다. 또 같은 도상(図上)에는 용의 동체 바깥 쪽에 몽고·신라·토우도(당, 唐土)라고 하는 나라 이름이 쓰여져 있는데 이것은 그들 나라의 침략에 대비하여 용으로 변신한 일본의 신들이 수호하고 있는 모습을 나타내는 것이다. 구로다(黒田) 씨에 의하면 그 그림은 몽고침략의 위기에 직면해 있던 시기에 신들에게 보호를 받는 성스러운 일본을 이미지 하여 작성된 것이라고 한다.

구로다 씨도 지적한 것이지만 중세에는 이 이외에도 다양한 유형의 '일본지도'가 그려진 것이 알려져 있다. 14세기에 미츠무네(光宗)라고 하는 승려가 저술한 『게이란 슈요슈(渓嵐拾葉集)』라고 하는 백

과전서적인 저작에는 "일본국은 독고(独鈷)의 형태를 하고 있다"라고 하는 일절(一節)이 있어 독고의 형태를 한 일본지도 그 자체도 게재되어 있다. 여기에서 독고(独鈷, 金剛杵)라고 하는 것은 고대 인도의 무기이며 밀교에 수용되어 파사(破邪)의 법구화(法具化)한 것이다.

獨鈷形의 日本圖(『溪嵐拾葉集』)

이 도표에서는 중앙 부분에 '이세해(伊勢海)'(이세만, 伊勢湾) · '호해(湖海)'(비와코, 琵琶湖) · '츠루가해(ツルガ海)'(츠루가만敦賀湾)[2]이 상하로 나란히 각각에 대응하는 형태로 신명(神明, 伊勢神宮) · 산노사(山王社) · 케히신사(気比神社)가 쓰여져 있다. 또 일본의 동서의 경계라고도 할 수 있는 좌우의 돌출부에는 스미요시(住吉)와 스와(諏訪)가 있어 경계를 수호하는 것이 나타나 있다. 여기에서는 독고(独鈷)에도 비교할 수 있는 성스러운 일본 국토에 이세(伊勢)나

---

2) 쓰루가만(敦賀湾)은 후쿠이현 쓰루가(福井県 敦賀)시가 면하는 만으로 와카와키만(若狭湾)의 줄기로 서쪽으로 돌출하는 쓰루가 반도(敦賀半島)로부터 와카와키만(若狭湾)과 나누어져 있다.

산노(山王)·케히(気比)에 대표되는 수많은 신기(神祇)가 진좌(鎭座)하여 수호하는 것이 암시되어 있는 것이다. 나는 먼저 중세 신국은 부처의 수적인 다수의 신들이 국토에 화현(化現)하여 스스로 토지(神領)를 지배하고 유연한 협조를 하면서 국가를 수호하고 있다고 하는 이미지로 파악된다는 점을 지적하였다. 불교에서 사용되는 금강저(金剛杵)와 신들의 세계가 한 장의 종이 위에 공존하는 교키식(行基式) '일본지도'는 그러한 중세의 국토 관념을 가시적으로 표현한 것의 하나였다.

4. 변토(辺土)와 신국

말법변토의 구원

이 장에서는 고대의 경우와 비교하면서 중세적인 신국사상의 특징을 검토하고, 종래 신국사상에 관해 논하여져 온 몇 개의 상식적인 이해에 관한 나의 견해를 기술하려고 한다. 첫 번째로 언급하고 싶은 것은 신국사상은 헤이안시대 후기로부터 퍼진 불교적 세계관에 근거하는 말법변토의식을 전제로 하여 그것을 극복하기 위하여 설파된 것이라는 견해이다. 서장에서도 언급한 것처럼 이러한 견해의 배후에 '신도'와 '불교'를 이질적인 것으로 파악하여 '신도적 우월감'에 의한 '불교적 열등감'의 극복이라고 하는 도식(図式) 가운데에 가마쿠라시대의 신국사상의 흥륭을 위치지우려고 하는 입장을 나타내는 것은 용이할 것이다. 그러나 나는 이 도식은 근본적으로 틀렸다고 생각한다.

이 문제에 관하여서는 지금까지 몇 번인가 언급하였지만 다시 사료 하나를 예로 들어 그것을 확인해두고 싶다. 가모노 쵸메이(鴨長明) 저작으로 간주되는 『홋신슈(発心集)』의 한 구절이다.

석존이 입멸하고 나서 이미 2천여 년, 천축(天竺, 인도)에서 수만리 떨어진 일본에서는 겨우 성교(聖敎)는 전해진다고 해도 정법(正法)·상법(像法)의 시대는 벌써 지났기 때문에 그것을 실천하는 것은 곤란하고 깨달음을 여는 사람도 거의 없다. 이에 여러 불보살은 나쁜 세상의 중생이 변비(辺鄙)의 지역에 생을 받아서 무불(無仏)의 세계에 헤매면서 악한 길에서 벗어날 수 없는 것을 가엾게 여겨 우리들에게 적합한 구제방법을 나타내기 위해 미천한 귀신의 동료가 되어 한쪽은 악마를 복종시켜 불신을 지키는 한편 상벌을 행사하여 신심(信心)을 일으킨 것이다. 이것도 오로지 이생방편(利生方便)의 간절한 마음으로부터 행하여진 것이다. 특히 우리나라의 모양을 보면 신명(神明)의 도움 없이 인민이 안정되고 태평스럽게 되어 국토도 평온하게 될 수가 있을 것인가. 소국변비(小國辺鄙)의 경계이기 때문에 나라의 힘도 약하고 사람의 마음도 어리석기 때문이다.

신에게 왕생을 빌다

여기에서는 당시의 일본이 시대적으로는 말법의 악한 세상이고 공간적으로는 변비(辺鄙)의 경계에 위치한다는 것이 강조되었다. 그러한 절망적인 상황에 놓여 있는 사람들을 구원하기 위하여 불보살은 일부러 비천한 모습을 하고 신으로서 일본에 출현하였다. 그러니까 우리들은 피안의 불보살의 수적인 신과 인연을 맺는 것에 의하여 자기 자신의 안태와 국토의 평화를 실현하는 것이 가능하게 되는 것이다. ―『홋신슈(発心集)』는 이와 같이 주장하고 있는 것이다. 부처와 신으로서 이 일본에 수적하는 이유를 설명하는 이러한 논리는 중세의 사료를 찾아보면 여기저기서 볼 수가 있다. 2장에서 언급한 『겐뻬이죠스이키(源平盛衰記)』에는 이것과 거의 같은 표현이 보인다. 같은 2장에서 인용한 『샤세키슈(沙石集)』도 말법변토에 신으로서 출현하였기 때문에 일본은 신국이라고 하였다. 산노신도(山王神道)의 교리서인 『요덴키(耀天記)』는 '일본국은 소국(小國) 가운데서도 특히 소국'으로 '소근박선(小根薄善)의 사람(人), 천근우매(浅近愚昧)의 족(族)'만이 모여 있기 때문에 신으로 나타나 믿는 마음을 권유하는 것이라고 기술되어 있다. 이러한 주장의 근거가 된 것이 『히케쿄(悲華経)』라고 하는 경전 가운데 있는 "우리가 멸도(滅度)³ 후, 악세중(惡世中)에 대명신(大明神)으로 나타나 널리 중생을 제도한다"라고 하는 구절이다. 이 말은 중세에 매우 빈번하게 인용된 것이다. 여기에서는 석가가 말세의 중생을 구제하기 위하여 신의 모습을 하고 출현하는 것이 논하여져 있다. 일본이 말법변토의 나쁜 나라라고 하는 것은 본지(本地)의 부처가 신으로서 수적하기 위한 필수의 전제조건이었던 것이다.

---

3) 메츠도. 즉 생사를 초월한 깨달음의 경지 혹은 부처의 입적(사망), 스님의 죽음을 말한다.

불교의 토착이 낳은 신국사상

여기에서 다시 앞에서 살펴본 중세적인 신국론을 생각해주었으면
한다. 중세에서는 일본이 신국인 근거는 불보살이 신으로서 수적한
것에 있었다. 그것에 더하여 우리들은 지금 신들의 수적이 말법변
토의 필연적인 귀결이었음을 확인했다. 이 두 점으로부터 우리들은
중세에 있어서는 말법변토의 사상이 혼치스이자쿠설을 전제로 하는
신국사상 내에 논리적으로 조합되어 있었다고 결론지을 수가 있다.
일본이 말법의 변토악국(辺土惡國)이기 때문에 부처는 강대한 위력
을 가진 신으로서 나타나지 않으면 안 되었다. 말법변토이기 때문
에 '시기상응(時期相応)'(末法이라고 하는 시대와 거기에 사는 중생
에게 어울리는)한 모습을 취하고 수적한 신들에게 의지하는 것이 구
제에의 최단거리인 것이다. —이러한 논리로부터 보면 말법변토의
강조 없이는 신국의 주장도 있을 수 없었다. 말법변토 사상은 결코
신국사상과 대립되는 것이 아니었다. 오히려 중세의 신국사상을 성
립시키기 위한 불가결한 요소를 이루고 있었던 것이다. 가스가신사
(春日神社)에 일어난 기서(奇瑞)를 그린 다음의『가스가 곤겐 겐키
(春日権現驗記)』의 일절은 지금 논한 것과 같이 말법사상과 신국사
상과의 관계를 단적으로 나타내고 있다.

—1304(嘉元 2)년의 일이다. 고후쿠지(興福寺)가 사실상의 지배권을
장악하고 있던 야마토(大和)의 나라에서 사승(寺僧)들이 토지의 지토
(地頭)를 추방한다고 하는 사건이 있었다. 화가 난 가마쿠라 막부는
고후쿠지(興福寺)의 중도(衆徒)나 신인(神人)을 많이 체포했다. 사승

(寺僧)들이 이것을 한탄하여 사찰에서 도망하여 행방을 감추자(치쿠덴 逐電), 아직 단풍이 들기에는 이른 때이었는데도 불구하고 가스가야마(春日山)의 나무들의 잎이 곧바로 색을 바꾸어 떨어지고 말았다. 후지와라씨(藤原氏)의 번영과 불법수호를 위하여 미카사야마(三笠山)에 자취를 나타낸 신이 말대(末代)의 도리에 어긋남에 분개하여 '본각(本覚)의 성(城)'에 돌아간 것인가라고 한탄하고 있을 때 이것이 가마쿠라(鎌倉)에 들려서 원상복귀의 명령이 내려져 신도 원래대로 사전(社殿)에 귀좌(帰座)되었다.

『가스가 곤겐 겐키(春日権現験記)』는 이어 다음과 같은 말을 싣고 있다.

대략 우리 조정은 신국으로서 종묘사직의 3천여 좌의 신들이 각각의 유래와 이익을 자랑하지만 이러한 신기한 현상을 지금까지 본 적도 들은 적도 없다. 경송(勁松, 강한 소나무)은 서리가 내린 후에 나타나고, 충신은 나라가 어지러울 때 출현한다고 하는 속담도 있는 것처럼 말대(末代)에 속하는 사람들이 아첨을 일삼는 지금 불신의 중생을 위하여 새로운 조치가 제시된 것일 것이다.

이와 같은 논리구조에서 말법변토의 강조는 필연적으로 시기적절하게 구제자로서의 신의 위광을 상승시킨 결과가 되었다. 역으로 신의 위력을 선양하기 위해서는 말법변토의 중생의 열악함을 한층 돋보이게 할 필요가 있었다. 중세에 있어서는 신국과 말법변토는 결코 모순되는 개념이나 서로 대립하는 이념은 아니었다. 양자는 상호 밀접 불가분의 관계를 유지하며 윤리적으로 의지하고 있었던 것이다.

이상에서 밝힌 바와 같은 구조를 가진 중세의 신국사상이 통설처럼 불교를 라이벌시하여 불교에 대항하려고 하는 입장에서 주장된 것은 아니었다. 불교적인 세계관을 전제로 하여 그것에 포섭된 중세의 신국사상은 역으로 불교가 일본에 토착화하여 사회에 침투하여 가는 것에 의하여 처음으로 성립하는 것이 가능하게 된 것이다.

5. 신국사상에 보이는 보편주의

수적(垂迹)으로서의 석가

신국사상을 둘러싼 통설에 관하여 재고하고 싶은 두 번째는 신국사상은 몽고침략을 계기로 하여 가마쿠라시대에 발흥하는 내셔널리즘을 배경으로 고양된 것이고, 일본을 신비화하여 타국에 대하여 그 우월을 강하게 주장하는 것이라고 하는 견해다. 일본=신국의 사상이 왜 이 시기에 집중적으로 보이게 되는 것인가라는 문제에 관해서는 다음 장에서 상세하게 논하기로 하자. 여기에서는 우선 중세적 신국사상 그 자체가 일본을 무조건적으로 신비화하는 것은 아니었다는 점을 거듭 지적하여 두고 싶다. 이미 지적한 것과 같이 중세적인 신국사상의 하나의 기둥은 일본의 신은 부처의 수적이라고 이해하는 것이었다. 부처가 신으로서 수적하였기 때문에 일본은 신국이라고 하는 논리가 신국사상의 핵심을 이루었던 것이다. 일본의 신기(神祇)를 불교적 세계관에 포섭하는 이러한 논리가 국토의 신비화와 타국에 대한 우월의식의 강조라고 하는 방향성에 어긋나지 않는 것은 말할 필요도 없다. 중세적 신국사상은 격한 자민족 중심주의의 고양에 응하는 것과 같은 논리구조를 처음부터 가진 것은 아니었다.

여기에서 또 하나 빼놓을 수 없는 문제가 있다. 혼치스이자쿠설에 관하여서는 종종 인도의 부처가 일본에 신으로서 화현(化現)하였다고 하는 사상으로 설명된다. 더욱이 그러한 견해를 전제로 하여 혼치스이자쿠설은 일본과 인도를 직결시키는 것에 의하여 중국을 상대화하는 역할을 하였다고 설파한 것도 있다. 그러나 이것은 분명한 오해이다. 본지(本地)의 부처는 인도에 탄생한 석가불과는 전혀 다른 차원의 존재였다.

『샤세키슈(沙石集)』의 저자인 무주(無住)는 『쇼자이슈(聖財集)』라고 하는 다른 설화집 가운데서 인도의 석가, 중국의 공자, 노자, 일본의 신들·성덕태자 등은 모두 부처의 자비의 방편으로서 이 세상에 파견된 존재라고 기술하고 있다. 일본의 신뿐만 아니라 역사적 인물로서의 석가도 타계로부터 파견된 수적이었다. 인도의 석가를 수적으로 파악하는 논리는 2장에서 인용한 『샤세키슈(沙石集)』의 문장에서도 읽고 이해 할 수가 있다.

혼치스이자쿠의 논리는 인도와 일본을 연결하는 논리였던 것은 아니다. 우리들이 지각할 수 없는 먼 정토의 부처가 말세의 악인(惡人)의 구제를 위해 다양한 형태를 취하고 이 사바세계에 출현한다고 하는 사상이었다. 그것은 사바세계의 두 지점을 연결하는 논리가 아니고 보편적인 진리의 세계와 이 현실의 국토를 결합시키는 것이었다.

따라서 나라나 지역의 차이를 넘어서 현세에 실재하는 모든 성스러운 존재는 모두 피안의 부처의 수적이었다. 일본의 신들 뿐만 아니라 석가나 공자·노자 등의 성인으로부터 불상과 경전까지도 말세의 중생을 구제하기위하여 출현한 성스러운 상징이고 구극(究極)의 진리의 현현(顯現)이라고 생각하고 있었던 것이다.

삼국과 신국

그렇다고는 하더라도 신국사상의 일면에는 일본을 신성화하여 다른 나라에 대한 일본의 우월성을 과시하려고 하는 방향성을 가지고 있었던 것은 부정할 수 없다. 그것이 가마쿠라시대 후반부터 강화된 것도 또한 사실이다. 앞에서 언급한 "'일본지도'에서는 일본이 독고(独鈷)로 표현되어 용이 수호하는 국토로 그려져 있다. '일본은 신국으로서 다른 섬에 비해 우수하다'"(『온죠지덴키, 園城寺伝記』)라는 표현도 종종 보인다.

그러한 방향과 궤도를 하나로 하는 것처럼 불자의 입으로부터 일본을 대승불교가 전파되기에 좀 더 적합한 선택된 지역이라는 말이 빈번하게 출현했다. 일본을 대승불교가 전파되어야 할(円機已熟) 국토라고 하는 주장은 이미 사이쵸(最澄)에 보이지만 중세가 되면 그것이 확실한 일본 찬미로 연결되는 것이다.

그러나 중세의 신국사상이 혼치스이자쿠 사상이나 사바세계상이라고 하는 불교적 이념을 밑바탕으로 한 것이었다는 것은 역시 중요하다. 거기에는 현실세계와 피안세계를 포함하는 광대한 우주의 이미지가 전제로 되어 있었다. 신국의 강조는 무조건 일본주의에의 회귀는 아니었다. 일본을 넘는 보편세계의 존재를 전재로 한 '변방' 일본의 독자성에 주목한 것이다.

그러한 세계상의 집약적 표현이 '삼국'(인도 · 중국 · 일본)이라고 하는 말이다. 법상종(法相宗)의 카쿠겐(覚憲)의 『삼국전정기(三國伝灯記)』나 화엄종의 교넨(凝然)의 『삼국불법전통연기(三國仏法伝通縁起)』에 보이는 것과 같이 신국이념이 고양된 중세에는 한편으로 '삼국전래', '삼국상승(三國相承)'이라고 하는 말이 일상화되어 있었다. 또 『곤쟈쿠모노가타리슈(今昔物語集)』는 수록한 설화에 대하여 천축(天竺) · 진단(震旦) · 일본이라고 분류하고 있다. 일본이 항상 3국이라고 하는 범위 가운데서 파악되고 있다는 점이 중세적인 세계관의 특색이라 할 수 있다.

혼치스이자쿠의 이념에 의하면 수적은 다양한 모습을 가지고 이 3국이 있는 곳에 존재하고 있었다. 일본이 신국인 것은 수적이 우연히 신의 모습을 취하였기 때문이다. 인도가 신국이 아닌 것은 부처가 신이 아니고 석가로서 수적 하였기 때문이다. 그 때문에 "신국'인 일본에 대하여 '월씨(月氏 인도)는 부처의 나라이고, 일본은 신국이다"(『온죠지덴키(園城寺伝記)』)라고 하는 것과 같이 월씨(月氏)=인도는 종종 '불국'이라고 표현되어지게 된 것이다.

유학생을 돕는 '일본의 신불'

이러한 세계관을 전제로 하는 한 종교적인 의미에서 일본의 성성 (聖性)과 우월이 역설되어 있다고 하여도 그것은 피안의 본지불과의 관계가 아니고 수적의 차원에서 논하여졌다.

중세의 설화에는 기비노마키비(吉備眞備)나 쟈쿠쇼(寂照) 등의 유학생이 중국에서 따돌림을 받았을 때에 '일본의 신불'이 도와준다고 하는 이야기가 여러 형태로 수록되어 있다. 또 몽고침략 당시의 문헌에는 지상에서 일본과 몽고 군의 세력이 전쟁을 행하고 있던 한 가운데 양자의 수호신들도 갑주(甲冑)를 몸에 걸치고 힘을 다하여 사투를 벌이는 모습을 그린 것이 있다.

이것들은 결국 일본의 신들이나 일본열도에 진좌하는 불상의 영험을 칭찬한다고 하는 의도에서 창작되었던 것으로 추정되지만 중국이나 몽고 측의 신에 대한 '일본 신불'의 우위의 주장은 어디까지나 수적의 차원에 머물러 있었다. 흡사 인간과 같이 내셔널리즘적인 심정에 근거하여 일본에 어깨를 들이대려고 하는 신불은 구체적인 육체를 갖추고 이 열도에 화현한 수적들이었던 것이고 그것은 적대하는 중국이나 몽고·신라에 있어서도 동일하였다.

그러한 수적들의 배후에는 공통적인 진리의 세계가 존재하고 있고 그 차원에까지 내려왔을 때 드디어 국경이나 내셔널리즘은 의미가 없었다. 한편에서는 자신이 소속을 같이하는 국토와 인민에 대하여 충성을 맹세한 수적들조차도 그 본래의 임무인 피안세계에의 안내자라고 하는 입장으로 되돌아갔을 때 이미 국적으로 사람들을 차별하는 것은 없었다.

중세의 승려가 한편에서는 일본을 예찬하고 '일본의 신불'의 가호를 기원하면서 한편에서는 쵸넨(奝然, 조연)이나 코벤(高弁, 고변)과 같이 실제로 중국과 인도 행을 지향하는 자가 계속 나타난 것도 이러한 혼치스이자쿠 사상이 가지는 인터내셔널적인 세계관의 측면에 입각한 것이다. 피안으로 돌아가는 길로서의 일본의 수적에 만족하지 못한 그들은 본지의 부처로부터 접근하여야 할 대륙에 있는 다른 종류의 수적과의 해후를 지향한 것이다.

중세에 유행한 기청문에도 일본의 신들의 정위치는 범천(梵天)·제석천(帝釈天)이라고 하는 불교 수호의 천부(天部)는 물론 태산부군(泰山府君) 등의 중국적·도교적인 신들보다 하좌(下座)였던 것을 상기해주기 바란다. 일본의 신들의 지위를 상대화하는 이러한 신불의 서열을 중세인은 일상적으로 눈으로 접하고 귀로 들은 것이다.

『진노쇼토키(神皇正統記)』의 신국론의 진정한 의미

중세에 있어서 신국의 강조는 타국에 대한 일본의 우위를 논한 것이라기보다는 수적(垂迹)이 신의 모습을 하고 나타났다고 하는 상대적인 특수성을 주장하는 의미를 보다 강하게 가진다는 것을 지적하였다. 이러한 이해를 전제로 하였을 때, 우리들이 이 책의 모두로부터 신국사상에 대하여 가지고 온 가장 중대한 의문은 쉽게 풀릴 것이다.

나는 '서장'에서 근대에 있어서 종종 일본=신국의 역사적 근거로 되어 있는 『진노쇼토키(神皇正統記)』의 "대일본국은 신국이다. 우리 나라에는 황자가 있다. 다른 나라에는 그러한 종류가 없다"라고 하는 유명한 말을 인용하였다. 또한 신국사상을 논하는 대표적인 문헌으로 되어 있는 이 저작이 다른 측면에서는 불교적 이념에 의거하여 일본을 '속산변토(粟散邊土)'로 인식하고 있던 것을 논한 양자의 모순을 지적하였다.

'서장'의 단계에서는 이 의문에 답을 제시하지 못했다. 그러나 지금은 그것에 대한 분명한 해답을 제시할 수가 있다. 이 장에서 상세하게 논한 것과 같이 중세에서는 일본이 말법변토인 것은 일본=신국임을 주장함에 있어 논리적인 전제였다. 말법의 나쁜 사람을 구제하기 위하여 부처가 신으로서 수적 하였다고 하는 이념이 중세적인 신국사상의 골격을 이루고 있었다. 그리고 『진노쇼토키』에서도 말법변토 사상이 수용되는 한편 '신명(神明)'이 '수적'인 것이 명언(明言)되었다.

이와 같은 점을 보았을 때 우리들은 『진노쇼토키』의 모두의 문장에 관해서도 종래의 상식과는 다른 해석을 할 수가 있다. "다른 나라에는 그러한 종류가 없다"라고 하는 말은 보통 말하는 것처럼 단순하게 '다른 나라'에 대한 일본의 우월을 논한 것은 아니었다. 부처가 신으로서 수적하여 그 신의 자손이 군림하고 있다고 하는 의미에서 '신국'은 일본뿐이라고 주장하는 것이다.

애당초 치카후사(親房)는 『진노쇼토키』에 있어서 신의 자손이 군림하는 '신국' 일본의 특수성을 논하여 스스로가 지지하는 남조(南

朝)의 정통성을 논증하려고 한 것이고 거기에 처음부터 타국에 대한 일본의 우위를 주장하려고 하는 의도가 내포되어 있었던 것은 아니다. 이 서적의 서론에 해당하는 부분에서 일본의 천지 개벽설에 앞서 인도 · 중국의 그것을 길게 인용하고 있는 것을 보면 치카후사가 힘쓰고 있는 것은 일본을 넓은 세계관 속에서 객관적으로 위치지우려고 한 것으로 보인다. 일본을 찬미하는 측면이 없었던 것은 아니지만 선입관 없이 읽어 가면 그 일본관은 매우 상대적이다.

말법변토 사상과 혼치스이자쿠설을 전제로 한 일본의 특수성의 주장. ─이 점에 있어서 『진노쇼토키』의 신국사상은 그야말로 중세적인 것으로서 위치지울 수가 있다.

4장
신국사상의 역사적 의의

天狗草紙」(延曆寺卷 部分)(東京國立博物館)

가마쿠라시대의 신국사상의 출현은 외국의 침략, 즉 몽고침략을 눈앞에서 보고 내셔널리즘의 고양과 연결시키는 논리로 전개된다. 그러나 실제로 사료를 찾아보면 타국을 의식하고 역설된 것은 의외로 적다. 오히려 이데올로기로서의 신국사상은 대외적·국내적인 것을 불문하고 어느 요인이 가져오는 집안 체제의 동요에 대한 지배계층 내부의 위기의식의 표출이라고 하는 성격을 강하게 가지는 것이었다.

1. 악승(惡僧)의 도량(跳梁)과 신국

누가 신국을 논하였는가

앞 장에서 고대의 경우와 비교하면서 중세에 왕성하게 역설된 일본=신국의 논리의 특징을 생각했다. 그렇다고 하더라도 왜 원정기(院政期, 12世紀)부터 이러한 특색을 가진 신국사상이 빈번하게 논하여지게 되는 것일까.

신불이 공존하는 독자적인 구조를 가진 중세적인 신국사상이 성립되는 역사적·사상적 배경에 관해서는 이미 상세하게 살펴보았다. 그러나 그것은 어디까지나 배경에 불과하다. 왜 중세에 들어와서 일본이 신국인 것이 새롭게 반복 강조되지 않으면 안 되었을까. —이 문제를 생각하기 위한 전제로서 중세적인 신국사상이 어떠한 문맥으로 누구에 의하여 주장되었는가를 구체적으로 검정하여 가는 작업이 불가결할 것이다. 또 한 차례 역설된 신국사상이 어떠한 기능을 담당하였는가를 해명하는 것도 중요하다.

이러한 의문에 답하기 위하여 중세에 신국사상이 주장된 실제 사례에 준하여 더욱 깊이 고찰하기로 하자.

신국사상이라고 하면 몽고침략이라고 하는 것이 우리들이 가지고 있는 이미지이다. 그러나 그 이전에도 중세적인 일본=신국의 논리는 다양한 사료에서 찾을 수가 있다. 그것이 특정 입장에서 어느 정도 정리되어 역설되는 사례로서는 ① 원정시대(院政時代)의 사사상론(寺社相論, 対立), ② 가마쿠라시대의 신불교의 배격, ③ 몽고침략의 3개의 사건에서 돋보인다. 그래서 각각의 경우에 신국사상이 어떠한 의도에서 누구에 의하여 주장되고, 실재로 어떠한 역사적 역할을 수행하였는가를 찾아보기로 한다.

악승 세기(惡僧世紀)의 시작

먼저 ① 원정시대(院政時代)의 사사상론(寺社相論)과 신국사상과의 관계를 살펴보기로 하자. 원정기를 장식하는 사회운동은 대사원(大寺院)의 악승(惡僧, 僧兵)들에 의한 강소(强訴)였다. 시라카와(白

河)·도바(鳥羽)·고시라카와(後白河)의 3대에 걸쳐 행하여진 강소(强訴)는 60회를 거듭하였다. 악승들은 연유가 있는 신목(神木)이나 미코시(神輿)를 앞세워 교토(京都)에 들이닥쳐 도리에 맞지 않는 요구를 힘으로 관철시키려고 하였다.

강소(强訴)가 유행하는 배경에는 사원의 세속화가 있었다. 이미 논한 것과 같이 헤이안시대 후반부터 대사원(大寺院)이나 유력한 신사는 적극적으로 토지를 모아서 거대한 장원영주로 성장했다. 그러나 장원(莊園)을 집적(集積)하면 그것으로 모두 해결되는 것은 아니었다. 오히려 중요한 문제는 모은 장원을 어떻게 경영하는가 하는 점이었다. 황실을 시작으로 유력귀족, 대사사(大寺社)가 모두 한결같이 장원획득에 광분하고 있는 상황에서 조금이라도 빈틈을 보이면 곧바로 근린 영주의 침범을 받게 되었다. 또 국가의 출선기관(出先機関)인 국아(國衙)도 장원을 몰수할 기회를 호시탐탐 노리고 있었다.

또 비록 장원을 영유하였다고 하여도 그 주민들은 연공을 내는 것을 꺼려하며 감면을 요구했다. 그러한 상황 가운데서 원활한 장원지배를 하기 위하여 무엇보다도 필요로 하게 된 것은 경영과 연공징수(年貢徵収)를 행하는 조직의 정비였다. 동시에 다른 영주에 의한 침략을 막고, 반항을 누르기 위하여 강력한 무력을 가지는 것도 불가결하였다. 사승(寺僧)의 무장화가 점차로 진행되어 드디어 '악승(惡僧, 僧兵)'이라고 불리는 집단이 출현하는 것은 이와 같은 배경에 있었다. 시라카와 법황(白河法皇)으로 하여 가모가와(賀茂川)의 물과 스고로쿠노 사이노 메(双六の賽の目)가 생각대로 되지 않는다고 하여(天下三不如意) 한탄한 산법사(山法師, 比叡山의 惡僧)는 사원의 세속화가 낳은 도깨비의 아들이었다. 무사시보 벤케이(武蔵坊弁慶)가 활약하는 시대의 묘가 이때 끊어져 무너진 것이다.

진호국가의 불교

중세사회에 있어서 사사세력(寺社勢力)이 힘을 휘두른 원인은 하나 더 있었다. 그것은 왕권의 존속에 미치는 종교 역할의 중대함이다. 중세는 신불의 시대였다. 이 세계의 근원에 있어서 현실 세계를 움직이는 것은 인간의 힘을 초월한 신불의 힘이라고 생각하고 있었다. 그러한 관념이 사회에 공유되어 있는 상황에서는 천황이나 왕권을 지지하는 가장 중요한 요소는 신불의 조력이라고 믿게 되었다. 신불의 가호 없이는 천황도 천황다울 수가 없었다. 불사(仏事)나 신사가 정확하게 실시될 수 있도록 하는 것이야 말로 지배자로서 최우선적으로 행하여야 할 책무였던 것이다.

대사사(大寺社)가 조정에 대하여 무리한 난제(難題)를 태연하게 행하는 배경에는 중세사회에 종교가 가지고 있던 압도적인 비중이 있었다. 히에이잔을 시작으로 하는 사원과 그 불법은 진호국가의 기능을 제공하여 국가의 존속과 번영을 지탱하는 것으로 관념되어 있었다. 또 대사원(大寺院)의 승려는 다양한 국가수호의 법회를 담당하였다.

그 때문에 승려들이 조정에 대하여 강하게 나오는 것은 십분 이해할 수 있는 것이었다. 역으로 사사세력(寺社勢力)의 강소(強訴)에 직면하여 권력자들이 그 진압에 무기력해지는 것도 당연하였던 것이다.

강소(強訴)와 신국

원정기(院政期)에서 가마쿠라 초기에 걸친 시기에 남도북령(南都北嶺)의 사찰이나 신사세력(寺社勢力)에 의한 강소와 소요는 절정기에 달하였다. 사찰이나 신사세력의 횡포가 이어지는 긴박한 상황 가운데서 권력자의 입으로부터 종종 '신국'이 논하여지게 되었다.

1123(保安 4)년, 히에(日吉)의 미코시(神輿)를 앞세워 연이은 산문(山門, 延曆寺)의 강소(強訴)에 골머리를 앓은 시라카와 법황(白河法皇)은 이와시미즈 하치만구(石淸水八幡宮)에 기원의 고문(告文, 신에게 고하는 문서)을 바치고 악한 승려의 침정화를 기원하였다. 이 고문 가운데서 시라카와 법황(白河法皇)은 우선 자신이 '삼대제왕(三代帝王)의 부조(父祖)'로서 70을 넘는 나이를 거듭하게 된 것을 신에게 감사했다. 다음으로 천태(天台)의 중도(衆徒, 比叡山의 惡僧)를 비롯한 사사(寺社)의 구성원들의 무례함이 나날이 심해지고 있는 것도 조정이 그들의 요구를 안이(安易)하게 받아들이기 때문이라고 논했다. 또한 '우리 조정은 신국'이고 신은 예가 아닌 것을 받아들이지 않기 때문에 신의 힘을 가지고 있는 민중들 무리 가운데 포악한 무리를 징계하여 평온한 국토를 실현하여 주도록 기원했다.

여기서 주목되는 것은 시라카와 상황(白河上皇)은 결코 악승(惡

僧)이 주도권을 쥔 산문(山門) 그 자체를 부정하고 그 근절을 바라지는 않았던 것이다. 오히려 악승들의 마음이 부드럽게 되어 산문(山門)이 본래의 모습으로 돌아가 그 힘에 의하여 '국토풍요'가 실현되는 것을 기대하고 있는 것이다.

이와 같은 예는 1113(天永 4)년의 도바천황 선명(鳥羽天皇宣命)에서도 볼 수가 있다. 고후쿠지(興福寺)와 엔랴쿠지(延曆寺) 사이에서의 소송이 심화되어 신인(神人)이나 민중들의 횡포를 한탄한 선명(宣命, 센묘)은 하치만신(八幡神)에게 그들의 악행을 그만두게 하기 위하여 그 위력을 발휘하도록 청하였다. 또한 사원에 평안이 찾아와 현밀(顯密- 顯敎와 密敎)의 학문이 흥륭하여 천하의 태평이 실현되는 것을 기원하였다.

또 1236(嘉禎 2)년, 이와시미즈(石淸水)와 고후쿠지(興福寺)·가스가샤(春日社)와의 사이에서 일어난 분쟁에 즈음하여 나온 도지쵸샤센(藤氏長者宣, 藤原氏長者의 通達)은 "우리나라 조정은 신국이다"라고 말한 후 신대(神代)에 있어서 아마테라스 오미카미(天照大神)·하치만신(八幡神)·가스가신(春日神)의 삼신(三神)이 힘을 합하여 자손과 국가를 수호하는 것을 맹세하였다고 하는 전설까지 언급하며 대립하는 양 세력에 대하여 적대행위의 정지와 화해를 요구하고 있다.

지배자의 위기감

유력 사찰이나 신사를 끌어들인 격한 분쟁은 권문사사(權門寺社)

가 국가의 정신적 지주로서의 역할과 호국의 기능을 담당하는 존재였던 만큼 지배층에게 심각한 위기감을 안겨주었다. 나라를 지키며 사람들을 구제하여야 할 종교 세력이 무력충돌을 반복하는 것은 사회의 질서를 근저에서 흔드는 위험성을 안고 있었다. 가인(歌人)으로서 유명한 후지와라 테이카(藤原定家)는 앞의 고후쿠지(興福寺)와 이와시미즈(石清水)와의 대립에 관하여 '이것은 국가멸망의 시기일까'라고 하는 감개(感慨)를 그 일기인 『메이게츠키(明月記)』에 기록하고 있다. 그 때문에 원정기(院政期)에는 사찰이나 신사의 강소(强訴) 관련 사항은 국가 차원의 문제 심의기관인 조의(朝議)에서 최우선 과제로 간주하였다. 이 시기에는 국가의 안위에 관한 중대 사건은 '국가대사(國家大事)'라고 불렸는데 사찰이나 신사의 강소(强訴)는 바로 그것에 해당하는 것이었다. 또 호겐(保元)의 신제(新制, 1156) 이후 조정에서 종종 공포된 법령(法令, 新制)에서도 사찰이나 신사 세력을 어떻게 통제하여 재편성하여 갈 것인가는 가장 중요한 과제였다.

원정기(院政期)에 집중적으로 출현하는 신국사상은 그러한 역사적인 문맥 가운데서 국가적인 시점에 입각하여 권문사사간(權門寺社間)의 사투적인 대립의 극복과 융화·공존을 환기시키기 위하여 원(院)과 그 주변을 중심으로 하는 지배 권력 측에서 제기한 것이다.

2. 신불교 비판의 논리로서의 신국사상

가마쿠라불교(鎌倉仏教) 시대

원정기(院政期)에 이어서 '신국'이 정리되어 나타나는 것은 가마쿠라시대 초기의 일이었다. 가마쿠라시대를 특징짓는 사상운동으로서 '가마쿠라 신불교'의 성립이 있다. 호넨(法然)을 시작으로 신란(親鸞)·에이사이(栄西)·도겐(道元)·니치렌(日蓮)·잇뻰(一遍) 등의 인물이 점차로 독자적인 신앙세계를 열었다. 그 이외에도 율종(律宗)의 계보로 이어지는 에이손(叡尊)이나 닌쇼(忍性)는 천민(히닌, 非人)이나 나병 환자의 구제 등의 자선사업·사회사업에 눈부신 활약을 보였다.

이에 대항하여 전통불교 측에서도 우수한 사상가나 학승을 배출했다. 가인으로서도 알려진 『구칸쇼(愚管抄)』의 작자 지엔(慈円), 게다츠 쇼닌죠케이(解脱上人貞慶), 묘에 쇼닌고벤(明恵上人高弁) 등은 그 대표적인 인물이다. 가마쿠라시대는 일본의 종교사·사상사에 있어서 가장 결실이 많은 시대였다.

가마쿠라시대의 종교세계라고 하면 우선 가마쿠라 신불교를 떠올리는 것이 보통이다. 조사(祖師)에 의한 새로운 가르침이 설파되는 즉시 사회에 곧바로 신불교 일색으로 물들여버렸다라는 것이 아직도 여전히 대부분의 사람들이 가지고 있는 가마쿠라시대에 대한 상식적인 이미지이다. 그러나 이러한 견해는 틀렸다. 신불교가 논해지던 가마쿠라시대에 있어서도 압도적인 사상적 영향력을 가지고 있었던 것은 히에이잔 엔랴쿠지(比叡山延曆寺)를 시작으로 하는 남도북령(南都北嶺)의 전통불교였던 것이다.

히에이잔 엔랴쿠지를 시작으로 하는 남도북령의 전통불교의 형태는 단순하게 종교세계에 있어서 큰 힘을 가지고 있었던 것만은 아니다. 헤이안시대 후기에 권문사사(權門寺社)가 장원영주로 성장하여 거대한 세속적 권세를 지니게 되는 것은 앞에서 논하였다. 그 과정에서 유력사원은 귀족의 자제를 적극적으로 받아들이게 되었다. 귀족층에 더하여 원정기 경부터는 황족 출신의 입사(入寺)가 눈에 띄게 되어 대사원(大寺院)은 제2의 구게사회(公家社会)라고도 할 수 있을 정도로 변해간다.

악승(惡僧)으로 대표되는 권문사원(權門寺院)은 강력한 무력을 갖추고 조정과 인적인 연결고리를 가지는 것에 의하여 국가권력에 대하여 강한 영향력을 가지게 되었다. 더욱이 가마쿠라시대에 있어서도 다양한 국가적 법회를 한손에 장악하고 있었던 것은 전통불교이다. 전통불교는 종교적 권위, 사상적인 영향력, 사회적 권세 어느쪽을 보아도 신불교와는 비교할 수 없는 힘을 가지고 있었다.

적어도 가마쿠라시대의 단계에서 신불교는 불교계에 있어서 소수파의 입장을 넘을 수가 없었다. 그것은 바로 불면 날아갈 것 같은 포말적(泡沫的) 존재에 불과한 것이었다.

신불교의 탄압

가마쿠라 신불교는 사회세력으로서도 종교세계에 있어서도 소수

파로 종종 전통 불교측으로부터 이단이라는 비판을 받고 탄압을 받게 되는 존재였다. 그 가운데서도 가장 격하고 더욱 집요한 탄압을 받았던 것은 호넨(法然)의 전수염불(專修念仏)이다.

1204(元久 元)년 히에이잔 엔랴쿠지(比叡山延暦寺)의 중도(衆徒)가 호넨(法然)의 전수염불 반대의 목소리를 높이며 그 정지를 좌주(座主)인 진성(眞性)에게 호소하였다. 그 다음해에 고후쿠지(興福寺)의 중도(衆徒)가 전수염불 금지를 요구하며 조정에 한 통의 소장(訴狀)을 제출하였다. '고후쿠지 주상(興福寺奏狀)'으로 알려진 이 소장(訴狀)은 9개조에 걸쳐 염불의 과실을 열거하여 국가 권력을 발동하여 호넨류(法然流)의 염불집단을 탄압할 것을 요구하였다. 이 소장이 화근이 되어 다음 해 건영 1206(建永 元)년부터 염불종에 대한 대 탄압이 개시되었다. 호넨의 제자였던 쿄우쿠(行空)와 안라쿠(安楽)는 참수당하고 호넨도 시코쿠(四國)로 유배를 명받게 되었다. 신란(親鸞)도 이 사건으로 인하여 에치고(越後)에 유배되었다.

호넨의 사후에도 그 교단에 대한 전통 불교측의 비판과 박해는 계속되었다. 탄압의 폭풍은 이후 반 세기에 걸쳐서 반복되어 전수염불 교단을 연이어 습격하였다. 그 가운데서도 최대의 사건이 가록의 법난(嘉禄法難)이라고 불리는 것이었다. 1227(嘉禄 3)년에 일어난 이 법난(法難, 弾圧事件)에서는 히에이잔의 악승(惡僧)에 의하여 오타니(大谷)에 있던 호넨의 묘지가 파괴되고 핵심 제자가 유죄에 처하여졌다.

전통불교와 손을 잡은 지배 권력 측으로부터 탄압을 받은 것은 호넨의 염불종만이 아니었다. 선종의 계보에 이어지는 에이사이(栄

西)와 도겐(道元)도 엔랴쿠지(延暦寺)의 탄압을 받고 한차례 교토를 벗어나지 않으면 안 되었다. 또 법화종(法華経)의 지상성(至上性)을 표방하여 그 제목(묘호렌게쿄, 妙法蓮華経)의 전수(専修)를 설파한 니치렌(日蓮)은 이즈(伊豆)와 사도(佐渡)에서 두 번의 유죄를 경험하고 타키노 구치(竜ノ口)에서는 참수의 위험으로부터 벗어났다.

가마쿠라시대에 신불교는 이단으로서 항상 국가권력이나 구 불교 측으로부터 계속하여 탄압의 위기에 직면해 있었다.

염불배격의 논리와 신국사상

신불교에 대한 탄압사건을 보면 주목되는 것은 히에이잔 엔랴쿠지(比叡山延暦寺) 등의 전통불교가 염불 금지를 요구하며 조정에 제출한 진상(奏状)서에 종종 신국사상의 모습을 보이고 있다.

1224(貞応 3년)에 전수염불의 금지를 요구하며 조정에 제출한 엔랴쿠지(延暦寺)의 해상(解状)은 그 가운데에 "일향전수(一向専修)의 당류(党類)가 신명(神明)에 등을 돌리는 것은 잘못된 것이다"라고 하는 표제를 내걸고 다음과 같이 기술하고 있다.

> 우리나라 조정은 신국이다. 신도를 숭상하는 것을 나라의 일로 하고 있다. 삼가 신들의 근원을 찾아보면 여러 부처의 수적(垂迹)이 아닌 것이 없다. 이세다이진구(伊勢大神宮)·쇼하치만구(正八幡宮)·가모(賀茂)·마츠오(松尾)·히요시(日吉)·가스가(春日) 등의 신은 모두 석가·약사·미타·관음 등이 시현(示現)된 것이다. 신은 각각 적합한 지역을 선택 수적하여 인연이 있는 중생을 인도하려고 한다. 선악

을 확실하게 알게 하기 위하여 상벌의 힘을 나타낸 것이다.

여기에서 우선 일본이 '신국'이라고 선언되어 있지만 그 이유는 부처가 신으로서 수적하여 있는 것에 있다. 부처의 수적을 신국의 근거로 하는 중세적인 신국관이 이 주상(奏狀)에서도 사상적 배경으로서 존재하고 있다. 이어서 주상은 전수염불이 염불을 구실로 하여 적어도 위엄과 영험이 있는 신(明神)을 숭상하려고 하지 않는다. 이것은 '국가의 예(礼)'를 잃어버리는 행위이고 신의 질책에 해당하는 것이라고 논하며 전수염불을 엄하게 비판하고 있다. 더욱이 염불자의 신들도 두려워하지 않는 악행은 '신국의 법'을 범하는 것이고 국가에 의한 처벌의 대상이 된다고 주장하여 국가권력을 발동하여 염불금지를 요구하는 것이다.

공격받는 염불과 선(禪)

앞에서 언급한 1205(元久 2)년의 '고후쿠지주상(興福寺奏狀)'도 염불비판을 전개하는 가운데 '신령을 배반하는 화살'이라고 하는 일절을 내세워 동일한 입장에서 염불자의 신기불배(神祇不拜)를 비난하고 있다. 또 그 말미에서는 "말세의 사문(沙門)은 군신도 숭배하는 것이다. 더욱이 영신(靈神)을 숭배하지 않을 수가 있는가"라고 하며 국왕과 신들에의 배례를 동일한 선상에서 논하고 그 중요성을 주장하고 있다. 이 주상(奏狀) 그 자체에는 '신국'이라고 하는 말이 보이지 않지만 이것을 요약하여 자신의 저작에 인용한 니치렌(日蓮)은 다음과 같이 말을 바꾸고 있다.

> 우리나라 조정은 원래부터 신국이다. 백왕(百王)은 그 묘예(苗裔)를
> 받고 사해(四海)는 그 가호를 숭상한다. 그런데 전수염불자 가운데는
> 여러 신들을 함께 뭉쳐서 신명(神明)을 의지하면 마계에 떨어진다고
> 하는 등의 공언을 거리낌 없이 하였다. 뱀이나 사령 등의 실류(實類)
> 의 귀신은 따로 하고라도 권화(權化)의 수적은 부처나 보살 밖에 되
> 지 않는다. 상대(上代)의 고승조차도 모두 귀복한 것이다.

신들의 위광은 불보살의 수적인 것에서 출발하는 것이고 신들에
의 배례를 거부하는 전수염불자는 '신국'의 풍속과 의례에 위배되는
것으로 비판되었다.

또 일본이 신국인 것을 근거로 한 공격은 전수염불과 함께 당시
급속하게 흥륭한 또 하나의 종교인 선종에게도 있었다. 가마쿠라시
대의 가론서(歌論書)『노모리노 카가미(野守鏡)』는 신명(神明)의 가
르침에 반대하여 선(禪)과 전수염불이 '사생'을 꺼리지 않고 있으니
이는 신국의 풍속과 의례를 잃어버리는 결과가 되었다고 비판하고
있다. 신국임을 표방하면서 신기불배(神祇不拜)를 공격하는 것은
전통불교가 신흥의 염불종이나 선종을 비판할 때의 상투적인 논리
였다.

왜 신불교는 탄압을 받았는가

그렇다고 하더라도 가마쿠라시대의 신불교는 신들을 숭상하지 않

는다고 하는 이유만으로 왜 이 정도로까지 집요하고 철저한 탄압을 받지 않으면 안 되었던 것인가. 거기에 신국사상이 개입된 것은 어떠한 이유 때문일까. 이것은 현대인에게 있어서는 거의 이해의 범주를 초월하고 있다. 여기서 이 의문에 들어가기 전에 우리들은 중세에 있어서 신불이 어떠한 사회적 기능을 수행하고 있었는가를 새롭게 확인하여 둘 필요가 있다.

율령제 지배의 해체에 직면한 사원이나 신사는 국가의 지원에 대신하는 새로운 재정기반으로서 장원을 모으고 있었다. 그 때 사사(寺社)는 스스로의 토지 지배의 정당화를 주장하기 위하여 그 장원을 종종 신이나 부처가 소유하는 성스러운 지역(仏土.神領)에 비교하였다. 예를 들면 도다이지(東大寺)에서는 사령장원(寺領莊園)이 대불님의 토지라는 '대불어령(大仏御領)'으로 불리고 있었다. 또한 장원에 거주하는 거주자가 연공을 거부하거나 속세 사람이 사사령(寺社領)을 침략하거나 하는 행위는 사사령을 지배하는 본존불(本尊仏)이나 제신(祭神)에게 용서받기 힘든 반항이고 신불의 '벌'을 받을 비도덕적인 행위로 간주되었다.

현대를 살아가는 우리들의 관점에서 생각하면 이러한 '불국토', '신령(神領)'의 논리가 신불의 권위를 이용하여 사찰이나 신사의 지배를 정당화하기 위한 교묘한 틀이라는 것을 곧바로 알 수 있다. 그러나 당시는 전혀 사정이 달랐다. 중세인에게 있어서 신불의 존재는 결코 가상의 이야기나 공상의 산물이 아니었다. 사람들은 신불의 소리를 듣고 그 존재를 느끼고 신불과의 교감을 거듭하면서 나날의 생활을 영위하는 것이었다. 그러한 의식 하에 있던 사람들에게 신

불의 지배가 얼마나 많은 중압감을 주었던가에 대해서는 상상하고
도 남는다.

신불의 권위를 이용한 지배는 사사령(寺社領)의 장원에만 보이는
현상은 아니었다. 이 시대의 장원은 본가(本家) · 료케(領家, 2차적
領有者) · 재지장관(在地莊官, 현지의 관리)이라는 중층적인 지배형
태를 취하고 있었다. 그 때문에 천황가나 섭관가(摂関家) 등이 본가
직(本家職)을 가지고 있던 경우에도 사사(寺社)가 영가직(領家職)을
가지는 예가 매우 많았다. 천황가령(天皇家領)에서도 그 대부분을
차지한 것은 죠코도령(長講堂領) · 신구마노야사령(新熊野社領) · 로
쿠쇼지령(六勝寺領) 등의 사사령(寺社領)이었다. 그 이외에도 장원
의 중앙에는 반드시 진수(鎮守)의 사찰이나 신사가 권청(勧請)되어
주민을 위엄으로 억눌렀다.

중세사회의 골격을 이루는 장원제적인 지배라는 것은 바로 신불
의 권위를 배경으로 하는 종교적인 지배이상은 아니었다.

이단으로서의 신불교

호넨(法然) · 신란(親鸞) · 니치렌(日蓮)들은 궁극의 구제를 얻기
위해서는 신들에의 배례는 필요하지 않다고 주장하였다. 불 배례
(不拝)의 대상은 신에 머물지 않고 불상이나 성인(聖人) · 조사(祖
師)에까지 미치고 있다. 그 제자들 가운데는 불상을 파괴하여 교전
(教典)을 태우는 과격한 실력행사를 취하는 사람까지도 나타났다.

그렇다고 하더라도 그들은 왜 신 · 부처 · 성인이라고 하는 기존의

종교적 상징에 대한 배례를 거부하지 않으면 안 되었던 것일까. 그 근거는 그들이 구축한 독자의 구제논리에 있었다.

중세사회에서는 동시대의 일본을 말법의 암흑시대로 파악하는 견해가 상식화되어 있었다. 또 지리적으로 보면 일본은 부처가 태어난 인도로부터 멀리 떨어져있는 변방의 좁쌀만한 작은 섬에 불과하였다. 말법변토의 '일본'에 생을 부여받은 악인(惡人)은 그 존재를 시인할 수 없는 피안의 부처를 믿는 것은 쉽지가 않았다. 그래서 부처는 변토 일본에 적합한 모습을 취하고 그 모습을 나타내었다. 그것이 신들이고 성인이고 불상이었다. 따라서 피안의 극락정토에 왕생하는 것을 지향하고 있어도 말법의 중생은 우선 수적(垂迹)을 경유하는 것이 필수 불가결하다고 생각하였다. 이러한 관념을 강조하여 사람들의 관심과 발을 수적이 있는 영장(靈場)으로 향하게 한 것이 전통 불교였던 것이다.

그렇지만 호넨(法然)의 특색은 구제에 불가결의 역할을 한다고 믿어져 있던 수적을 구제의 체계로부터 완전히 배제한 논리를 구축한 점에 있었다. 호넨은 염불에 의하여 신분이나 계층에 관계없이 누구나가 본지(本地)의 미타(弥陀)의 본원(本願)에 의해 평등하게 극락왕생 할 수 있다는 것을 강조하였다. 사람은 누구나가 피안의 아미타불과 직접 인연을 맺을 수가 있고, 진정한 구제를 위해서는 양자 사이에 개재하는 종교적 수적에의 귀의는 백해무익하다고 간주하였다. 전수염불자의 신기불배(神祇不拝)는 이러한 구제론의 필연적인 귀결이었던 것이다.

호넨의 사상에는 본래 현실의 국가나 사회의 양상을 비판하는 것과 같은 정치성은 전무하였다. 그러나 그것은 수적의 권위를 장원 지배의 이데올로기적 기반으로 하고 있던 권문사사(權門寺社)나 지배세력으로부터 보면 당시의 지배질서 그 자체에 대한 공공연한 반대 이외의 그 무엇도 아니었다. 수적의 부정은 즉 신국사상의 부정이기도 하였다. 전수염불이 단순히 전통불교계의 눈의 가시에 그치지 않고 국가권력에 의한 탄압을 받게 된 이유는 바로 이 점에 있었던 것이다.

3. 몽고침략

고조되는 침략의 위기감

13세기 전반에 유라시아 대륙을 석권한 몽고가 다음의 목표로 정한 곳이 일본이었다. 1268(文永 5)년 정월, 고려의 사자에 의하여 일본의 복속을 요구하는 몽고의 국서가 전하여졌다. 막부를 통해 이 국서를 접한 조정은 결국 이것을 묵살하기로 결정하였지만 외국에 의하여 처음으로 본격적인 침략이 곧바로 현실화되려고 한 상황 가운데서 공무정권(公武政權)의 위기감은 고조되었다.

막부가 우선 행한 것은 각 지역의 이찌노미야 니노미야(一宮二宮), 고쿠분지(國分寺) 등의 사사(寺社)에 몽고의 굴복을 목적으로 한 이국항복(異國降伏)의 기도를 명하였던 것이다. 조정에서도 또한 왕성진수(王城鎭守)의 22사(社)에 대하여 몽고 조복(調伏)의 기도를 행하였다. 신불에의 기원은 그 이후도 몽고침략의 위기가 멀어질 때까지의 전 기간에 걸쳐서 반복되었다.

두 번째의 몽고침략을 목전에 둔 1281(弘安 4)년 7월에는 사이다이지류(西大寺流)의 에이손(叡尊)이 이와시미즈 하치만구(石淸水八幡宮)에 가서 몽고의 군함을 본국으로 쫓아 보내달라고 기원하였다. 『사이다이지 코묘신곤엔기(西大寺光明眞言緣起)』에 의하면 게치간(結願) 때에 아이젠묘오(愛染明王)의 화살이 하치만구(八幡宮)로부터 서쪽을 향하여 날아갔다고 한다.

앞에서도 반복하여 논한 것처럼 중세인에게 있어서 신불의 존재는 이미 부여되어 있다는 것이 전제되었다. 그 실제를 의심하는 사람은 아무도 없었다. 이 세계를 가장 근원적 차원에서 움직이고 있는 것이 신불이었다. 따라서 현실사회의 흐름을 변화시키려고 하면 우선 신불의 힘을 동원하는 것이 불가결하다고 믿고 있었던 것이다.

1274(文永 11)년과 1281(弘安 4)년 두 번에 걸친 몽고의 침략은 결국 거의 기적으로밖에 볼 수 없는 현상에 의하여 물러나게 되었다. 특히 1281(弘安 4)년의 경우는 하카다만(博多灣)을 꽉 채우고 있던 군함이 하루 밤 사이 태풍의 폭풍으로 인하여 괴멸되는 사건으로 당시 사람들의 감각으로는 신의 행동 이외에는 그 무엇으로도 생각할 수 없었다. 신불이 이 세상의 귀추(歸趨)를 결정한다고 하는 이념이 몽고침략을 통하여 의도하지 않게 실증되었던 것이다.

몽고침략과 신국

몽고침략을 목전에 둔 긴박한 상황 가운데서 일본=신국의 이념이 여러 방면에서 일제히 주장되기 시작하였다.

몽고로부터 국서가 도래하면 그때마다 조정에서는 그 답변에 다양한 평정을 짜내었다. 결국 답변을 한 적이 없었지만 두 번에 걸친 몽고의 국서에 대하여 스가와라 나가나리(菅原長成)가 기초한 문서의 복사가 『본조문집(本朝文集)』이라는 서적에 남아있다.

거기에는 아마테라스 오미카미의 시대로부터 지금의 천황에 이르기까지 천황은 항상 신들의 가호 아래에 있었고, 신들의 백왕진호(百王鎭護)의 서약에 근거한 것으로 간주되었다. 그 때문에 주위의 이민족도 반란을 일으킨 적이 없었고 그 때문에 '황토(皇土)'를 수호하는 것이다. 신들이 지키는 신국일본에 대하여 사람의 지혜나 힘으로서 대항할 수 있는 것은 없다. ―첩장(牒狀)은 이와 같이 주장하는 것이다.

몽고침략 전후의 '일본=신국'의 논리는 불교계에서도 종종 주장되었다. 선승 도간에안(東巖慧安)의 신국사상에 관해서는 앞 장에서 언급하였는데, 그 기원문(願文)에서 에안은 원수와 적을 항복시키는 기도가 성취한 새벽에는 원수와 적의 나라 안에 천변지이(天変地異)가 발생하여 나라가 붕괴하고 '본조신국(本朝神國)'에 항복하게 된다고 하고 있다.

이 이외에도 신국이라고 하는 말은 몽고침략과 관련된 다양한 사료에서 찾아볼 수가 있다. 몽고침략 후에 하치만신(八幡神)의 공적을 현창(顯彰)하기 위하여 만든 『하치만구도쿤(八幡愚童訓)』이라고 하는 저작에는 이 아키츠시마(秋津島, 日本列島)에는 3천 여좌(三千 余座)의 신기(神祇)가 백왕수호(百王守護)를 실행하고 있기 때문에 아무도 '신국'을 뒤집을 수 없다고 주장하고 있다.

이상 예를 든 것은 누구나가 일본이 신국이라는 근거로서 신들에 의한 수호를 들어 어떠한 나라도 일본을 침략할 수가 없다고 역설하는 것이다. 몽고침략의 위기감 가운데서 앙양된 일본=신국의 이론의 중심은 신들의 국토수호를 논하고 일본의 불가침을 강조하는 점에 있었던 것이다.

가마쿠라 후기의 사회적 모순

몽고침략·외국의 침략이라고 하는 위기의 대사건을 통하여 일본 국내에서는 내셔널리즘의 물결이 급속하게 고양되었다. 또한 국난에 대한 위기의식이 국민의 단결을 재촉하고 그것이 일본=신국의 관념을 증폭시키고 있었다. 가마쿠라시대 후기는 이세신도(伊勢神道) 등의 신도사상이 체계화된 시대로 이는 '일본'의 자각에 근거한 것이었다. 신국사상도 동일하게 내셔널리즘의 고양을 배경으로 한 현상이었던 것이다.

이러한 설명은 오늘날에도 종종 보이는 것이다. 그러나 최근의 일본사의 연구 성과는 위와 같은 해설과는 전혀 다른 가마쿠라 후기의 시대상을 제시하고 있다.

우선 몽고침략을 맞이한 가마쿠라의 후기는 중세적인 사회체제=

장원체제가 심각한 모순을 드러내기 시작한 시기였다. 장원체제는 원래 모두가 국가·천황의 일원적인 지배에 있었던 국토를 권문세가(權門勢家)가 장원에 분할하여 사적으로 소유하였다는 점에 특색이 있었다. 한차례 성립된 장원은 각각의 가문을 단위로 하여 상전(相伝)되어 가게 되고 여기에서 문제가 발생하게 된다. 복수의 자녀에 대하여 소령(所領)의 직(職－ 가정에 전하여 지는 이익을 동반한 직무)을 반복하여 분할양도하고 있던 결과 그 분산화가 진행되면서 귀족층을 중심으로 가문의 쇠퇴화가 눈에 띄게 된다.

서자에의 분할 상속에 의한 소령(所領)의 해체는 무사의 가정에서도 가마쿠라시대 후반에는 현저하게 나타난다. 이에 대하여 막부는 반복하여 고케닌(御家人) 보호정책을 펼쳤다. 또 무사 자신도 서자에 의한 분할 상속에서 장자 단독 상속으로 상속방법을 변경하여 위기를 타개하려고 하였다. 그러나 몽고침략에 의한 부담의 증대는 고케닌층을 한층 더 궁핍으로 몰아넣어갔던 것이다.

내몰린 자들 사이에서는 한정된 파이 분할을 둘러싸고 격렬한 이익 쟁탈이 생겨났다. 권문세가(權門勢家)의 내부나 권문들 사이에서 상속을 둘러싼 쟁탈이 빈발하는 한편 무사에 의한 장원침략도 연이어졌다. 무사나 사사(寺社)에 있어서는 몽고침략의 위기도 국난이라고 하기보다는 공로를 세워서 은상(恩賞)을 받는 것에 의하여 직면한 문제를 한꺼번에 해결할 수 있는 자신에게 주어진 천재일우의 호기로 보였던 것이다.

근현대의 국가에서도 내부의 모순이나 대립을 은폐하기 위하여 자주 사용되는 수단은 애국심의 강요와 외부에 적을 상정하는 것이다. 앞에서 언급한 상황 하에서 논한 신국의 논리는 내부에 다양한 문제와 모순을 안고 있던 일본의 현실을 '신국'으로 규정하여 몽고에 대치시키는 것으로 문제와 갈등을 감추기 위한 것이었다. 한편 모든 계층의 사람들에게 닥쳐오는 국가적 위기에 대한 자각을 재촉하고 개인적인 이해를 초월한 '신국'의 구성원으로서 당면한 문제를 극복하려고 했던 것이다.

4. 이데올로기로서의 신국사상

국내 사정으로부터 생기(生起)한 신국사상

지금까지 사찰이나 신사의 강소(强訴), 가마쿠라 신불교의 배격, 몽고침략이라고 하는 3개의 사건에 즈음하여 신국사상이 어떠한 문맥으로 흘러 왔는지를 살펴보았다. 지금까지 중세의 신국사상의 고양은 대외위기, 우선 몽고침략과의 관계를 논하는 것이 많았다. 즉 이국(異國)의 침략이라고 하는 경험하지 못했던 위기의 체험이 일본인에게 자국의 독자성에의 관심이나 '애국심'에 눈뜨게 하여 신국의식을 높이는 형태로 설명되어져 온 것이다.

그러나 지금까지 기술한 것에서 밝혀진 바와 같이 중세에서의 신국사상의 부상은 결코 몽고침략을 기점으로 하는 것은 아니었다. 의외로 알려져 있지 않은 것이지만 이미 몽고의 위기에 선행하는 원정기나 가마쿠라시대 전기에도 일본=신국이 집중적으로 논하여졌다. 그리고 그때는 '신국'이 대외적인 요인과 거의 무관하게 강조되었다. 사찰이나 신사의 횡포를 비난하고 그 침정화(沈静化)를 원하는 선명(宣命)이나 염불의 비법을 규탄하는 주상(奏状)을 아무리 반복하여 읽어도 일본이 신국임을 강조함에 있어 특정 외국을 의식하여 행하여졌다는 흔적은 찾아볼 수 없다. 신국사상이 고양되는 적어도 제1의 원인을 일본이 놓여진 당시의 국제정세에서는 찾을 수가 없다는 것이다.

그렇다면 그 배경을 어디에서 찾으면 좋을까. 이 문제를 해결하는 실마리로서 앞서 언급한 3개의 사건이 어느 쪽도 중세국가를 구성하는 개별의 권력인 권문 내부에 국한되는 문제가 아니고 국가질서 그 자체의 존망을 근저로부터 묻는 중대사건이었던 것으로 생각한다.

국가의 위기와 신국사상

우선 사찰이나 신사의 강소(強訴)나 분쟁에 관하여 생각하여보자.

사찰이나 신사 세력의 횡포는 엔랴쿠지(延暦寺)·고후쿠지(興福寺) 등의 종교권문(宗教権門)과 조정과의 팽팽한 긴장관계를 낳았다. 또 종교 권문끼리의 무력충돌과 폭동을 일으켰다. 이 사건들은 양쪽 모두 국가권력의 구성자였던 것으로 처리를 조금이라도 잘 못하면 국가체제 그 자체가 붕괴로 직결할 수밖에 없는 큰 문제였다.

또한 인의(仁義)가 없는 분쟁의 주역인 사사권문(寺社権門)은 원래 중세국가 전체의 정신적인 지주였어야 할 존재였다. 그러한 역할을 담당하여야 할 유력 사찰이나 신사가 자기의 사적 이해에 근거하여 행동하고 사회의 혼란을 초래하는 것에 의해 상황은 한층 심각하였다. 그 때문에 사찰이나 신사 세력을 어떻게 제어하고 그것을 재편성하여 지배체제의 틀 속으로 넣는가는 중세 성립기의 국가 권력에 있어서 가장 중요한 과제가 되었다.

다음으로 전수염불을 시작으로 하는 종교계의 이단 세력의 발흥(勃興)은 그 사상이 전통적인 신불-수적(垂迹)의 권위를 부정하고 지배 이데올로기의 핵심을 이루고 있던 전통불교의 역할을 무력화하는 것이었기 때문에 이것도 또한 국가질서를 근저로부터 붕괴시키는 위험성을 내포하고 있었다. 원정기에 상호 격한 라이벌 관계에 있던 권문사사(權門寺社)가 전수염불이라고 하는 공통의 적이 출현하면 곧바로 싸움을 정지하고 손을 잡고 그 탄압에 대처한다고 하는 구도는 그러한 배경을 배제하고서는 이해할 수가 없다.

게다가 사찰이나 신사 세력은 전수염불에 '국가의 적'이라고 하는 꼬리표를 붙이고 국가권력까지 동원하여 그 근절을 시도하려고 하였다. 그 때 '신국'은 수적(垂迹)의 권위에 의거하는 전통불교측이 이해관계를 초월하여 손을 잡기 위한 슬로건으로 된 것이다.

몽고침략이 지배층을 구성하는 공무정권(公武政權)·권문사사(權門寺社) 어느 쪽에 있어서도 위기로 받아들여졌을 것은 설명할 필요도 없을 것이다. 조정이나 막부가 사찰이나 신사에 명하여 실시한 기도의 수 혹은 신가에의 봉폐(奉幣)의 양을 보아도 그들이 받은 충격의 정도를 추측할 수가 있다. 몽고에 의한 일본점령이라고 하는 겪어보지 못한 위기에 직면하였을 때 이미 권문 내부나 권문끼리의 알력다툼은 모두의 파멸을 초래하는 것이었다.

이데올로기로서의 신국사상

중세에 역설된 신국사상은 본래 일본을 부처의 수적인 신들이 진좌(鎭座)하는 성지로 보는 종교 사상이었다. 그것은 불교의 정착과 혼치스이자쿠설의 침투 위에 꽃피운 사상이었다. 그러나 그것이 지배세력 총체의 위기=‘국가대사(國家大事)’에 있어서는 지배 권력 측이라는 면에서 집요하게 역설되는 사실을 볼 때 종교라고 하는 틀을 초월하여 정치 이데올로기의 역할을 짊어지고 있었다는 것을 이해할 수 있다.

모든 권력이 천황이 일원적으로 수렴하여 가는 고대의 경우와는 달리 중세사회의 특색은 권력의 분산과 다원화에 있었다.

중세에도 물론 천황은 존재하였지만 구게정권(公家政権)에 있어서 실질적인 권력을 쥐고 있었던 것은 퇴위한 천황=원(院, 上皇)이었다. 또 한편 가마쿠라시대의 정치적인 세력으로 보면 구게정권을 능가할 정도의 힘을 가진 무가정권이 존재하였다. 그리고 거기에서도 천황·상황의 이중구조를 가진 구게(公家)측과 같이 장군·집권이라는 이중구조가 형성되어 있었다.

중세의 연구자가 ‘중세왕권이라는 것은 무엇인가’라고 한 의문에 용이하게 답할 수 없는 원인은 이 권력구조의 복잡함에 있었다. 지금 여전히 학계에서는 중세국가에 대한 이미지가 분열된 상태이고, ‘국왕’이 누군가라는 질문조차 명확한 해답을 낼 수 없는 상황인 것이다.

그러한 가운데 중세국가론으로서 연구자 사이에서 가장 널리 지지를 얻고 있는 설이 구로다 토시오(黑田俊雄) 씨의 '권문체제론(権門体制論)'이다. 구게권력을 시작으로 섭관가(摂関家)·대사사(大寺社)라고 하는 권문세가(権門勢家)가 국가의 공권을 분할영유하면서 총체로서의 민중지배를 행하고 있었다고 하는 견해이다.

천황가는 국왕을 배출하는 가문이고 사찰이나 신사는 국가의 이데올로기 부문을 담당하고 있었다. 가마쿠라 막부도 독립한 왕권이 아니고 국가의 군사·경찰 부문의 담당자였다. ―구로다(黑田) 씨가 말하는 '권문총체(権門総体)에 의한 민중지배'를 그대로 인정할 것인지 어떨지는 별도로 하고 중세라고 하는 시대가 독자적인 권력 기반을 가진 권문세가에 의하여 주도되는 극히 분권적인 사회였던 것은 대부분의 견해가 일치하는 부분이다.

신국사상의 기능

그러한 다원적인 권력으로 구성되는 사회인만큼 지배권력인 여러 권문을 어떻게 융화시켜 갈 것인가라고 하는 문제는 중세국가에 있어서 항상 가장 중요한 과제였다. 권문끼리 자신의 이익만을 추구해 가면 사회가 돌이킬 수 없는 무질서로 빠질 것은 불 보듯 뻔하기 때문이다. 그것은 결국 국가 그 자체의 해체로 연결되는 것이었다.

여러 세력의 융화라고 하는 역할을 담당한 것이 전통불교와 그 종교 사상이었다. 권문사사(権門寺社)는 국가가 주최하는 북경삼회(北京三会) 등의 법회에서 호국의 기도를 행하는 한편 왕권에 대하여 즉위권청(即位勧請)이나 왕권신수설(王権神授説) 등의 지배정당화의 논리를 제공하였다. 그리고 신국사상도 또 그러한 기능을 담당하여야 할 중세국가 체제를 정당화하기 위한 종교 이데올로기로서 지배 권력으로부터 역설된 것으로 추정되는 것이다.

이미 보아 온 것처럼 신국사상이 강조된 것은 개별의 권문이 위기에 빠졌을 때가 아니고 국가질서 전체의 중심축을 흔드는 위기상황에 한정되어 있었다. 그러한 때에 신국사상이 항상 지배권력 측으로부터 주장되었다는 것을 잊어서는 안 된다. 중세의 신국사상은 그 이데올로기로서의 측면에 있어서는 권문영주(權門領主)가 국가권력을 분장하여 병존하던 중세에 있어서 국가적 질서 총체의 위기에 처하였을 때 여러 권문에 그 점을 자각시켜 국가권력의 구성자로서의 자기의 위치를 재확인시키는 것이었다. 또한 문제 해결을 위해 협조를 구하는 역할을 담당하였던 것이다.

중세의 신국사상은 사령(社領)의 본원적 주권자·수호자인 자립한 신의 관념을 전제로 하면서도 개별의 신의 문제는 아니었다. 모든 신들이 국가를 수호한다고 하는 어디까지나 신들의 총체에 관련된 이념이었다. 또 그 신들의 가호도 특정 권문이나 권력자가 아니고 여러 권문에 의하여 구성되는 지배질서 총체에 향하여져 있다. 이것도 신국사상이 짊어진 국가 이데올로기로서의 기능에 대응하는 것이었다.

신국과 신토(神土)

단지 중세, 특히 이 시기의 단계에서는 피지배층에 직접 작용하는 지배 이데올로기로서의 역할은 신국사상에 있어서 이의적(二義的)인 과제로밖에 되지 않았다. 지금까지 종종 '신국사상은 중세국가의 정통 지배 이데올로기'라고 하는 관념이 있었다. 또 그 전제로서 신국사상이 실제로 민간에 침투되어 그 의식을 규정하고 있었던 것을 지적하는 연구도 존재한다. 그러나 어느 사상이 널리 보이는 것과 그것이 지배계층에 의하여 일정 방향으로 유도되는 것은 전혀 차원이 다른 문제다.

내가 보는 바에 의하면 중세에 있어서 민중을 직접 지배하는 중심이념은 장원을 신불이 지배하는 성스러운 토지라고 하는 '불토(仏土)', '신령(神領)'의 논리였다. 이 이론이야 말로 중세의 민중 의식을 주박(呪縛)하고 장원제 지배의 틀 속에 고정시키는 역할을 수행하였다. 국가 이데올로기로서의 신국사상은 개별의 신불·수적(垂迹)을 표면에 세워서 지배를 행한 지배 권력이 권문단독으로는 해결할 수 없는 난문에 직면하거나 체제총체(体制総体)에 관련되는 위기를 만났을 때 부상하여 권문 내부의 융화와 강조를 재촉하는 역할을 담당하였다.

5. 중세적 신국사상의 관념성

조선의 결락

중세 신국사상의 추상적 성격은 그것이 실제 해외교섭에 뿌리내린 것이 아니고 지배계층의 위기의식의 반영에 의한 것이라고 생각된다. 더욱이 그 배경에 있는 불교적 세계관 자체도 매우 관념적 성격이 강한 것이었다. 신국사상은 이중의 의미로 추상적인 것으로밖에 될 수 없는 숙명을 안고 있었던 것이다.

앞 장에서 논한 2국 세계라고 하는 전파 가운데서 신국일본을 파악하는 시점도 관념세계의 소산이라고 하는 측면을 다분히 가지고 있다. 먼저 3국 사관(三國史観)에서는 고대로부터 중세에 걸쳐서 일본불교에 큰 영향을 미쳐온 조선이 결락되어 있다. 또 인도·중국·일본이라고 하는 것은 어디까지나 관념적인 틀 속이었고 다른 방향에서는 그것을 초월한 지역별 교류가 형성되고 있었다.

조선과의 관계에 관하여 말하면 최초의 불교의 공식적인 전래가 조선의 백제로부터 있었던 것에서도 알 수 있는 것과 같이 일본불교의 전개는 조선 불교와의 관계를 빼고 논할 수는 없다. 방대한 수의 조선계 도래인은 고대불교의 중심적인 담당자 그 자체였다.

그러한 영향관계는 중세에 있어서도 계승되었다. 묘에 쇼닌고벤(明恵上人高弁)은 7세기경의 신라의 화엄의 학승, 의상과 원효의 전기를 그린 '의상회(義湘絵)'·'원효회(元曉絵)'를 작성하였고 이것들은『게곤슈소시에덴(華厳宗祖師絵伝)』으로서 현재 고잔지(高山寺)에 수납되어 있다. 도다이지(東大寺)에 대응하여 독자의 교학(教学)을 내세우려고 한 고벤(高弁)은 그 시선을 조선 불교로 향하게 된 것이다. 또 몽고 조복(調伏)을 기원한 고려의 고종왕(高宗王) 시대에 개판된 고려판 대장경은 일본 측이 몹시 탐내는 표적이 되어 그 후 몇 번에 걸쳐서 일본에 반출되었다.

3국 사상에는 이러한 실제의 교섭은 모두 무시되어 있다.

환동해 교류권의 형성

중세에서는 국가 레벨과는 차원을 달리하는 지역교류권의 왕래도 활성화되어 있었다. 13세기에는 일본과 대륙을 연결하는 남북 2개의 수상교통로가 존재한 것이 알려져 있다. 북방(北方)에는 에조치(蝦夷地, 北海道)와 사할린·대륙과의 교통은 일찍부터 열려져 있었다. 13세기에 몽고의 사할린 원정이 행하여진 후 그것을 계기로 물자의 교류가 활발하게 되었다. 그 주역이 된 것이 츠가루반도(津輕半島)의 요사미나토(十三湊)를 본거지로 하는 안도씨(安藤氏)이다. 요시츠네(義経)나 니치렌(日蓮)의 수제자인 니치지(日持)[1]라고 하는 인물의 대륙도항 전설은 그러한 북방과의 교역의 일상화를 배경으로 하여 생겨난 것이었다.

또 한편 남방의 교류권은 유구(琉球, 오키나와)를 중심으로 일본·조선·중국을 연결시키는 것으로, 즉 왜구(倭寇)세계라고 불리고 있는 지역이다. 이 루트는 이 지역에 머물지 않고 더욱더 남쪽으로 퍼져 동남아시아 여러 나라와 이어지는 것이다.

중국과의 직접적인 교류도 여전히 왕성하였다. 견당사(遣唐使)의 파견이 정지된 이래 국가 차원에서의 일본과 중국과의 교류는 폐지되었지만 일본과 중국 사이의 무역은 오히려 중세에 들어와서 성하

---

1) 스루가국 마츠노(駿河国松野)의 출신으로 1250(建長 2)년 출생으로 사망연대는 미상. 가마쿠라 중기로부터 후기 니치렌종(日蓮宗)의 승려.

게 되었다. 이 교역을 통하여 일본에는 송판(宋版)이라고 불리는 대장경이나 동전(銅錢)·도자기를 비롯하여 방대한 문물이 건너와 물적, 인적교류가 진행되었다. 송대에 들어오면 중국에서는 선(禪)이 흥륭하여 송에 들어간 승려들에 의하여 선종이 일본으로 이입되어 공무(公武)의 비호 아래 교토(京都)나 가마쿠라(鎌倉)에는 큰 사찰이 연달아 건립되었다. 송학(宋学, 朱子学)이라고 불리는 유학계의 새로운 풍습도 전하여졌다. 또 송대의 건축기술은 헤이케이(平家) 반란(1180)으로 재건되는 과정에서 남도(南都, 奈良)의 사원에 큰 영향을 미쳤다.

무로마치(室町)시대에는 견명선(遣明船)에 의한 명과의 사이에서 국가적 차원의 무역도 부활하는 한편 조선과의 사이에도 여러 다이묘(大名)들에 의한 다원적인 교류가 진행되어 대륙과의 교류는 최전성기를 맞이하였다. 중국어에 능통한 고잔(五山)의 선승은 외교사절로서 통역이나 접대로 활약하였다.

중세의 '신국'이나 '3국'의 이념을 가지는 일본을 초월한 교류는 이러한 활발한 국제교류와 관계가 없는 것은 아니었다. 실제로 중국이나 천축(天竺)을 지향한 수많은 승려가 있다. 그러나 그 성립은 기본적 조건이 규정되어 현실로부터 괴리된 추상적인 사변(思弁)의 범위를 초월할 수는 없었던 것이다.

5장
소외되는 천황

「善光寺如來繪傳(部分)」(滿性寺)

신국이라고 말하면 '천황이 군림하는 국가'라는 이미지가 강하다. 틀림없이 고대의 천황은 의심할 여지없이 신국사상의 핵심적인 요소였다. 그러나 중세의 신국사상이 되면 천황의 존재감은 의외로 희박하다. 천황의 안태(安泰)가 신국사상 고취의 목적이었던 고대와는 달리 중세의 천황은 신국유지의 수단으로 변화되었다. 신국에 어울리지 않는 천황은 재빨리 퇴장시킨다고 하는 것이 당시 지배층의 공통인식이었다.

1. 신에서 인간으로

천황의 권위를 둘러싸고

신국사상에 대하여 현대인이 가지고 있는 공통적 이미지로서 '천황'과 '내셔널리즘'이 있다는 것은 서장에서 논하였다. 이 가운데서 내셔널리즘의 문제에 관하여서는 혼치스이자쿠 사상이나 3국 세계관과 관련지으면서 이미 살펴보았다. 그러나 다른 하나의 측면으로서 주목된 신손위군(神孫爲君) ―신손(神孫)으로서의 천황의 군림

―에 관하여서는 지금까지 충분한 설명을 하지 못했다. 신국사상이라고 말하면 우선 천황의 존재를 떠올리는 것이 오늘날에도 일반적인 반응일 것이다. 천황은 신국사상 가운데에 어떻게 위치지어진 것일까.

신국사상과 천황의 관계를 생각하는 전제로서 우선 고대로부터 중세에 걸쳐서 천황제 그 자체의 실태와 그 변화를 개관하여 보기로 하자. 이전에 고대의 천황은 국가의 유일한 대표자임과 동시에 '아키츠미카미(現御神)'로서 사람들 위에 군림하는 존재였다. 이 천황을 지지하기 위하여 다이죠사이(大嘗祭)를 시작으로 천황이 신으로서의 의상을 몸에 걸치기 위하여 무대장치가 몇 겹으로 설치되었다 (제1장 1절 참조).

10세기를 전기(転機)로 하는 고대 율령국가의 해체는 그러한 천황의 양상에도 결정적인 전환을 가져오게 된다. 그때까지 지고지순한 원수(元首)로서 전 국토에 군림하여 온 천황이 이 시기를 경계로 점차 정치적인 실권을 상실해갔다. 그리고 그 이후 천황을 대신하여 권력을 장악한 것이 섭관가(摂関家)이고, 원(院)·무가(武家)였다. 이들에 의해 섭관정치, 원정(院政)이라고 하는 새로운 타입의 정치체제가 전개하여 가는 것이다. 그러나 정치권력의 실추에도 불구하고 천황은 중세를 통하여 형식적으로는 일관되게 최고의 통치권능의 보유자='국왕'으로 간주되어 있었다. 국정의 실권으로부터 소외된 중세의 천황이 형식상이라고는 하지만 왜 일본의 국왕으로 계속 있을 수 있었던 것일까. 이 의문에 대한 답으로 형식적으로 부상되어 온 것이 천황 '권위'의 문제이다. 즉 정치적으로 무력한 천황이 국왕의 지위를 유지할 수 있었던 것은 다른 어떠한 권력도 대체할 수 없는 독자의 권위를 천황이 지니고 있었던 것에 원인이 있다고 생각하였던 것이다.

천황령(天皇靈)의 용기(容器)

중세의 천황이 가지고 있던 권위는 도대체 무엇인가. 이에 관하여 다양한 설이 있지만 최근에 주목되고 있는 것은 종교적인 권위이다. 중세의 천황은 어떤 의미에서는 아키츠미카미(現御神)였던 고대의 천황 이상으로 농후한 종교성과 신비성을 몸에 지니고 있었던 것이 지적되고 있다.

그 종교성이 무엇에서 유래하는가에 관해서는 현재 두 가지의 유력한 가설이 존재한다. 그 가운데 하나는 고대로부터 근대에 이르기까지 천황에게 변함없이 연속적으로 종교적 권위를 나타내려고 하는 것이다. 천황의 권위를 부여하는 가장 중요한 의식으로서 주목되고 있는 것이 오니에노 마츠리(大嘗祭, 다이죠사이)였다.

이러한 시점에서 원점이라고도 할 수 있는 연구가 저명한 민속학자인 오리구치 시노부(折口信夫) 씨에 의하여 1928(昭和 3)년에 발표되었다. '다이죠사이(大嘗祭)의 본의(本義)'이다. 오리구치(折口) 씨는 오니에노 마츠리(大嘗祭, 다이죠사이)의 무대가 되는 유기전(悠紀殿)·주기전(主基殿)에 신좌(神座)가 설치되어 있는 점에 착목한다. 이것을 천손강림(天孫降臨) 때에 황손(皇孫) 니니기노 미코토(ニニギノミコト)가 둘러싸고 있던 진상습금(眞床襲衾)이라고 해석하였다. 오니에노 마츠리(大嘗祭)의 비밀 의식이라는 것은 오리구치 씨에 의하면 새로운 천황이 이 침좌(寢座)에 틀어박혀서 금기하는 것에 의하여 새로운 '천황령(天皇靈)'을 몸에 지니는 행위로 보았다. 즉 '혼을 담는 용기'인 천황의 신체가 금기 의식을 통하여 황조 아마테라스 오미카미(皇祖天照大神)의 마나(マナ)인 천황령에 의해 채워졌을 때 천황은 비로소 천황으로서의 성스러운 자격을 얻을 수 있다고 생각한 것이다.

천황이 가지는 영위(靈威)의 배후에서 천황령을 보려고 하는 오리구치설은 천황령이라고 하는 말 자체가 가지는 충격적인 영향과 서로 합치하여 이후 오늘날까지 천황 연구에 결정적인 영향을 미치게 된다.

부처로 변신하는 천황

천황제가 존속해가는 배경에 고대부터 현대까지 일관되는 종교적 · 관념적 권위의 존재를 나타내는 오리구치(折口)와 같은 시점에 대하여 다른 하나의 입장이 있다. 천황이 본질적으로는 권위로서의 존재인 것을 인정한다고 하여도 그 권위가 시대별로 새로운 장식을 하고 나타나는 것을 중시하는 것이다. 천황의 권위의 역사적 변천에 착목하는 연구는 주로 중세의 천황을 소재로 하여 역사학자의 손에 의하여 진행되었다.

이 입장을 취하는 대표적인 연구로서 즉위관정(卽位灌頂)에 관한 것을 들 수가 있다. 즉위관정이라고 하는 것은 천황이 즉위함에 있어서 손에 증표(印)를 묶고 진언(眞言, 부처의 말씀)을 외우는 의식이다. 중세에는 이러한 불교색이 강한 의식이 행해졌다. 이 즉위권청의 목적은 천황이 가장 근원적인 부처인 대일여래로 변신하는 것에 있다는 것이 지적되어 있다. 즉위권청을 통하여 천황은 모든 신불 모든 종교적 권위를 초월하는 지고지순한 존재로 상승하여 가는 것이다.

이전에 불교는 호국의 규범(法)으로서 천황의 신체를 외부로부터 수호하는 것이었다. 신국의 주인인 천황이 스스로 불법을 수행하는 것은 원칙적으로 결코 용서할 수 없는 행위였다. 그것이 중세에 들어오면 불교는 천황 자신의 실천을 통하여 그 신체 내부에 깊이 파고 들어와 천황의 존재를 내부로부터 신비화하는 역할을 수행하게 된 것이다.

이외에도 중세에 있어서 천황의 성화(聖化)의 작법을 둘러싼 다양한 지적이 있다. 지금의 우리들은 중세의 천황에 관하여 아주 은밀한 의례나 규범·금기로 몇 겹으로 둘러싸여 바깥세상과 단절된 장소에 조용하게 청정을 지키는 성별(聖別)된 존재라고 하는 이미지를 가지고 있다.

아키츠미카미(現御神)의 지위로부터의 전락

그러나 고대적 천황으로부터 중세적인 천황으로의 전환에 관해서는 지금까지 논한 설과는 정면 대립하는 것처럼 보이는 다른 도식도 존재한다.

마스다 카츠미(益田勝実) 씨는 섭관·원정기가 되면 천황이 다양한 금기사항에 의한 긴박(緊縛)으로부터 해방되어 신비성을 잃어버린다고 지적한다. 그것을 받아서 이시이 스스무(石井進) 씨는 원정기에 들어오면 원(院)에 둘러싸인 많은 인간적인 에피소드가 이야기되고 또 천황이나·원(院)에의 가차 없는 비판이 집중되는 점을 강조하였다. 그리고 거기에 원(院)이나·천황 개인의 금기로부터의 해방의 시작과 '신'으로부터 '인간'으로의 전환의 움직임을 나타내는 것이 가능하다고 논하고 있다. 아라히토가미(現人神)로서의 지위로부터 전락하여 중세 천황의 특질을 보려고 하는 점에서 이 타입의 천황론의 시점은 치장을 바꾼 새로운 '신'으로서 중세의 천황을 파악하려고 하는 오늘날의 연구의 주류와는 상대적이다. 그렇지만 실제로 중세의 문헌으로부터 천황과 관련된 언사(言辞)를 선별하였을 때, 이 도식에 적합하게 보이는 자료는 의외로 많이 있다.

호리카와(堀河) 천황의 총애를 받은 후지와라 나가코(藤原長子)의 『사누키노스케 일기(讃岐典侍日記)』[1]라고 불리는 일기가 남아 있다. 거기에는 죽음에 직면한 호리카와(堀河) 천황의 모습이 생생한 필치로 그려져 있다. 천황은 임종의 순간까지 고민하고 괴로워하며 염불이나 신불의 이름을 기리고 그 힘에 의지하려고 하였다. 그 모습은 모든 허례허식과 권위를 벗어버린 일개의 인간 그 자체였다. 이 호리카와 천황에 관해서는 후에 그 탄생은 산문(山門)의 불법의 힘에 의한 것이라고 하는 풍문이 진짜로 전해지게 되었다.

---

1) 헤이안시대 후기에 사누키노스케 후지와라 나가코(讃岐典侍藤原長子)에 의해서 쓰여진 일기문학으로 1109(天仁 2)년 5월경에 완성되었다는 견해도 있다.(『日本古典文学全集 18』)

이전의 고대 천황은 스스로 신으로서 사람들 위에 군림하고 있었다. 천황은 신국의 주인공이고 신불과 동등한 권위를 지닌 성스러운 존재였다. 그런데 나가코(長子)의 눈에 비친 천황은 신불의 힘을 의지하고 그 힘을 빌리지 않으면 지위나 목숨을 유지할 수 없는 정말로 나약한 존재였다. 여기에서 천황은 보다 고차원의 초월자에 의하여 그 명운이 규정되는 2차적 권위로 변화되어 있었던 것이다.

벌 받는 천황

신불의 가호 없이는 존립할 수 없는 천황이라고 하는 관념은 스케(텐지[典侍]는 律令制에 의한 관직으로 후궁인 나이시노스케[内侍司]와 차관인 죠칸[女官]을 말하는데, 간단하게 스케라고 불리어 졌다) 후지와라 나가코의 일기를 매개로 하여 엿볼 수 있는 비밀스러운 후궁세계만의 것은 아니었다. 그러한 천황관은 설화나 전승(伝承)을 통하여 널리 중세 사람들 사이에 침투하여 공유되었다.

시라카와인(白河院)의 황자인 호리카와 천황의 탄생이 산문 엔략쿠지(山門延暦寺)의 법력에 의한 것이라고 하는 풍문이 있었던 것은 앞에서 논하였다. 시라카와인은 그 이전에도 미이데라(三井寺)의 라이고(頼豪)를 의지하여 후세를 이어받을 아이의 출생을 기원한 일이 있다. 기도는 효험을 얻어 무사히 아츠후미신노(敦文親王)를 얻을 수가 있었다. 그런데 시라카와인이 보상으로서 약속한 미이데라에의 계단건립(戒壇建立)을 반대한 이유로 화가 치솟은 라이고(頼豪)는 어렵게 얻은 친왕(親王)을 주살(呪殺)하여 버리게 된다.

호리카와(堀河)의 탄생은 그 뒤를 이어받은 산문(山門)의 기도의 결과였다. 천황 후계자의 탄생이나 서거조차도 신불의 힘에 의하여 너무나도 쉽게 좌우된다고 생각하였던 것이다.

이러한 즉위 이전의 황자 탄생을 둘러싼 전설은 재위 중의 천황이나 원자신(院自身)이 초월자의 힘에 의하여 실각 혹은 서거당한다고 하는 설화나 주장이 결코 희귀한 이야기가 아니라는 점에 설득력을 더했다. 예를 들면 고레이제인(後冷泉院)과 고산조인(後三条院)이 병으로 죽은 것은 모두 타인의 저주(呪詛)에 원인이 있다고 생각하였다. 또 안토쿠(安徳)가 헤이케이(平家)와 함께 단노우라(壇ノ浦)에 가라앉은 것이나 쇼쿠의 난(承久の乱)에 있어서 고토바(後鳥羽)의 패배와 삼상황(三上皇) 유배도 불법(仏法)에 적대한 벌이라고 하는 설이 공공연하게 주장되었다.

『다이헤이키(太平記)』에는 스도쿠(崇徳)·준닝(淳仁)·고토바(後鳥羽) 등 역대 천황이 '악마의 동량(棟梁)'이 되어 세상을 혼란에 빠트리는 상황을 하고 있는 모습이 그려져 있다. 고교쿠(皇極)·다이고(醍醐)의 양 천황이 사후 지옥에서 고통으로 허덕이고 있다는 이야기도 설화나 두루마리 그림의 형태로 널리 세상에 분포되어 있었다. 중세사회에 있어서는 역대의 거의 모든 천황에 관하여 신불의 벌이나 재앙을 입는다고 하는 부정적인 소문이 존재하고 있었던 것이다.

천황이나 원(院)을 파멸이나 죽음으로 몰아넣는 초월적인 존재의 정체는 각각의 경우에 따라 다르다. 그러나 이 현실세계의 배후에 사람의 지혜를 초월한 거대한 초월자의 뜻이 존재하고 그에 상반되는 경우에는 신손(神孫)인 천황조차도 실각이나 멸망을 벗어날 수 없다고 하는 이념을 전제로 하는 점에서 설화를 주장하는 입장은 공통적이다. 서장에서 언급한 덕치주의 입장에서의 천황비판도 천(天)이라고 하는 절대적 존재를 중개로 하는 점에 있어서 같은 입장이라고 할 수 있다.

아라히토가미(現人神)로서의 천황을 초월하는 고차원의 종교적 권위가 정해져 그 앞에서 천황이 한 사람의 인간으로서 상대화되어 가는 것에서 천황이 즉시적으로 신성성(神聖性)을 상실하는 중세적인 천황관을 볼 수가 있다. 아키츠미카미(現御神)로서 태양과 같이 스스로 성스러운 빛을 발할 수 있는 고대의 천황에 비해 중세의 천황은 흡사 달과 같이 외부로부터 광선을 받아서 비로소 광채를 나타내는 존재로 되었던 것이다.

2. '벌거숭이 임금'으로서의 천황

아라히토가미(現人神)로부터 불법성주(仏法聖主)로

중세에 있어서 천황의 새로운 권위 부여가 모색되는 한편, 그 탈신비화가 진행되었다. 만약 그렇다고 한다면 우리들의 다음 과제는 그러한 모순되는 현상을 어떻게 통일적으로 해석하고 그 역사적 의미를 명확하게 할 것인가라는 점일 것이다. 이 문제를 생각할 때, 즉위관정(即位灌頂)을 시작으로 하는 새로운 의식이 고대적 권위=아라히토가미로서의 신비적 존재감의 상실이라고 하는 현실을 눈앞에 두고 그 위기를 극복하기 위하여 생성된 것이다.

헤이안시대 후반에 천황은 마침내 다른 인간으로부터 단절된 성스러운 존재는 아니었다. 천황은 신불에 의하여 지지되며 그 명운(命運)이 좌우되는 존재로 변화하였다. 그러한 상황 하에서 국왕으로서의 천황의 존재를 정당화하기 위하여 시대에 적합한 새로운 논리와 의례를 구축하는 것이 불가결하였다. 현세적 권위를 능가하는 초월자(부처 등)의 존재가 널리 인식되어 있던 중세에는 천황도 또한 그러한 초월적 존재로 스스로의 지위의 정당성을 주장할 수밖에 없었다. 자신이 담당한 '내적인' 권위로 군림할 수 있었던 고대의 천황에 대하여 중세의 천황은 불법 등의 '외적인' 권위의 힘을 빌리지 않고 그 지위를 누릴 수가 없었던 것이다.

외적 권위와 제휴하기 위한 모색은 필연적으로 중세의 종교계에서 압도적인 위치를 차지하고 있었던 불교로 눈을 돌리게 된 것이다. 즉위관정을 시작으로 하는 다양한 천황신성화의 조직은 이러한 과제에 응답하기 위하여 형성된 왕권 정당화의 논리였던 것이다.

즉위관정(即位灌頂)의 한계

그렇지만 천황의 종교적 권위를 생각함에 있어서 보다 중요한 문제는 앞에서 서술한 천황의 권위 재생의 시도가 동 시대 사상의 상황 가운데서 사람들이 어떻게 인식하고 있었는가 하는 점이 아닐까. 솔직하게 말하면 나는 그러한 의식이나 이념이 가지는 객관적인 유효성에는 꽤 의문을 품고 있다.

예를 들면 천황이 우주의 가장 근원적인 부처인 대일여래(大日如來)로 변신한다고 하는 즉위관정에 관하여 생각해보기로 하자. 이는 중세적인 천황 신비화의 의식으로서 현재 가장 주목되고 있는 것이다. 즉위관정에 대해 논하는 대부분의 연구자는 천황=대일여래의 이념이 그대로 당시의 사람들에게 수용되어 그 천황을 찬양하는 마음을 고양시키는 역할을 했다고 생각하고 있다.

그러나 천황의 실각·요절·지옥으로 떨어지는 것이 당연하게 논하여졌던 중세에 천황이 극도의 성스러운 존재로 화(化)한다고 하는 이념은 도대체 어느 정도 주박력(呪縛力)을 가지고 있었던 것일까. 천황의 신비화의 시도가 성공하였다고 한다면 천황을 둘러싼 그러한 가차 없는 언설은 나올 리가 없었던 것이 아닐까.

이 점과 관련하여 고려하지 않으면 안 될 또 다른 하나의 요소가 있다. 그것은 일본의 중세에서는 다양한 문헌이나 교설(敎說)에 있어서 대일여래와 인간이 일체의 존재라는 것을 반복하여 강조하였던 것이다. 당시의 이해로부터 생각하면 대일여래는 절대자 등이 아니고 모든 인간에게 동일하게 내재하는 깨달음의 본성을 의인적으로 표현한 것에 불과하였다. 인간과 격절(隔絶)된 절대자를 어딘가 별세계에 있는 구제자라고는 생각하지 않았던 것이다. 그러한 사상의 상황 가운데서 대일여래로 변신하는 것이 도대체 어떠한 의미가 있었다는 것일까. 이와 같은 점을 볼 때 천황이 대일여래로 변신한다고 하는 즉위관정의 이념의 한계는 비로소 명백할 것이다.

비닉(秘匿)된 의례

여기까지 천황의 권위를 부여하는 의식으로 주목되고 있는 즉위관정(即位灌頂)이 그 실재의 효력에 있어서 결정적인 한계를 가지는 것을 논하였다. 그러나 좀 더 깊이 생각해보면 중세의 천황은 반드시 적극적으로 민중 앞에 신성불가침의 모습을 나타내려고 했다고는 생각하지 않는다. 애당초 즉위관정이 역대 천황에 의하여 확실하게 친수(親修)되었다는 것을 나타내는 증거조차 존재하지 않는다.

그 이유는 이 의식이 비밀 의식으로 되어 관여하는 사람은 한정되어 있고 이 의식을 둘러싼 언설이 '구전'으로 단편적인 형태로밖에 남아 있지 않기 때문이다. 천황이 즉위관정에 의하여 대일여래로 변신한다고 하면 왜 그것이 엄중한 비밀의식 가운데 행하여지지 않으면 안 되었던 것일까. 사람들에게 근본 부처로서 재생된 천황의 종교적 권위를 인상지우기 위해서는 근대의 오니에노 마츠리(大嘗祭, 다이죠사이)와 같은 의식은 비밀리에 은밀하게 행해도 그 의식 자체의 존재는 모든 매체를 통하여 선전될 필요가 있다. 그런데 상급귀족이나 고승 이외의 사람들은 즉위관정이라고 하는 의식의 존재조차 알 지 못했다.

즉위관정을 시작으로 중세에 창시된 천황 신성화의 언설이나 의례는 애당초 일반 민중을 염두에 둔 것은 아니었던 것은 아닌가. 그렇다고 한다면 중세에 있어서 천황의 신비화는 무엇을 목적으로 한 것이었을까.

이 의문에 답하기 위해서는 천황이 중세의 권력구조 가운데서 어떠한 위치를 차지하고 어떠한 역할을 담당하였는가를 탐색할 필요가 있다.

3. 신국 안의 천황

신국유지의 수단으로서의 천황

고대 율령제도 아래에서 천황은 그 지배체제의 가장 높은 곳에 위치지어졌다. 법령=율령에 묶여지는 것 없이 역으로 율령의 실효성에 근거를 미치는 궁극의 권위였다. 고대의 천황은 국가의 유일한 대표자로서 자신의 몸을 보존하는 것을 궁극의 목적으로 하고 있었다.

그 목적을 관철시키기 위해서 천황은 모든 권력과 권위를 동원하는 것을 꺼리지 않았다. 신국사상도 또한 이 목적 실현의 수단이었다. 고대의 신국사상은 천황의 존재를 전제로 하여 그 존속을 정당화하는 것 이외의 역할은 있을 수 없었다.

신국이라고 하는 신손(神孫) · 아키츠미카미(御現神)로서의 천황이 군림하는 나라이고 신들이 지켜야 할 국가라는 것은 재위 중의 천황 밖에 없었던 것이다. 그러나 고대로부터 중세에의 전환을 거쳐서 천황의 역할은 일변한다. 율령제에 놓여 있던 국가적 사사(寺社 - 官寺 · 官社)는 율령제 시스템이 기능을 잃어버림에 따라서 율령제로부터의 이탈을 개시하고, 자립한 장원영주(莊園領主)=권문사사(權門寺社)에의 길을 걷기 시작한다. 다른 한편 고대부터 중세 장원제 사회로 이행하는 과정에서 천황은 최고의 권력과 권위를 공유한 전 국토의 지배자·국가의 유일한 대표자의 자리에서 그 사회적 기반의 차원에 있어서는 독자의 장원군(莊園群)을 보유하는 천황가라고 하는 한 권문의 대표로 전락하였다. 권문(權門)이라고 하는 점에서는 천황가도 거대 사원도 동격의 존재였던 것이다.

천황은 이미 국가 그 자체가 아니고 지배체제(莊園制支配) 유지를 위하여 국가를 구성하는 여러 권력에 의하여 기원하는 존재였다. 보다 단적으로 말하면 중세의 천황은 국가체제를 유지하기 위한 비인격적인 기관이고 수단에 불과하였다. 중세가 되면 천황이 행하여야 할 규범을 상세하게 기록한 『긴비쇼(禁秘抄)』 등의 의식서가 만들어지게 된다. 천황은 축적된 전례와 규범에 의거하여 국왕으로서의 형식적인 역할을 충실하게 이행할 것만이 요구되었던 것이다.

유동천황(幼童天皇)의 시대

중세의 천황은 어릴 때 즉위하여 성인식(元服) 전에는 지위에서 내려오는 것이 일반화 되어 있었다. 이것이 '유동천황(幼童天皇)'이라고 불리는 현상이다. 예를 들면 12세기 후반에 연이어서 즉위하는 로쿠조(六条), 다카쿠라(高倉), 안토쿠(安德) 각 천황의 즉위 연령은 각각 두 살, 여덟 살, 세 살이었다. 왜 유동천황이 태어났는가라고 하는 문제에 관하여서는 다양한 해석이 존재한다. 그러나 그 배경에 천황의 지위가 형식화 되어진 것은 의심의 여지가 없다. 마침내 판단력이 없는 유아조차도 천황의 지위에 오르는 것이 가능하였던 것이다.

중세의 신국사상에서도 신들은 국가를 수호하는 존재로 규정되어 있었다. 그러나 그 '국가'라고 하는 것은 천황 그 자체는 아니었다. 천황이 국가 존속의 수단으로 변화한 중세에는 신들이 수호하여야 할 국가라는 것은 천황을 그 전체 구성요소의 하나로서 간주하고 지배체제 전체를 가리키는 것이었다.

단지 중세 천황이 형식화되어 2차적인 권위의 존재였다고 하여도 분권화가 진행되는 시대에 있었고 여러 권문의 구심력의 초점으로서의 역할을 수행하기 위해서는 어느 정도 성별(聖別)된 모습을 취할 필요성이 있었다. 특히 체제총체(体制総体)가 동요하거나 위기에 처하여졌을 경우 천황은 지배질서의 체현자로서 대중 앞에 신성한 외관을 나타내는 것이 요구되었다. 권문사사(権門寺社)끼리의 상론(相論)이 정점을 맞이하는 원정기에 천황의 존재를 표면에 세운 신국사상이 고양되고 신의 자손의 군림이나 신들의 국토 옹호가 강조되는 것은 그러한 역사적 문맥에 있어서 파악되어야 할 현상일 것이다. 그리고 그 이후도 신의 자손으로서의 천황을 받들어 모시는 신국일본의 이념은 지배질서 전체에 관계되는 위기가 도래할 때 마다 부상하게 되는 것이다.

추방된 천황들

중세 천황의 신성화를 생각할 경우 빼놓을 수 없는 것이 하나 있다. 그것은 고대 천황의 경우 천황이 신의 자손인 것이 바로 '아라히토가미(現人神)'로서의 천황 개인의 신성화와 절대화에 직결되어 있다는 것이다. 그런데 중세의 신손위군(神孫爲君)의 논리는 국왕으로서의 천황의 정당성을 지지하는 것이라고 하여도 그 지위에 있는 개별의 천황을 즉각적으로 신비화하는 것은 아니었다. 즉 중세의 신손위군설(神孫爲君說)은 신손이 국왕=천황으로 되는 기본적 자격이고 그것이 결정적으로 중요하다고 하여도 재위 중의 천황이 죽을 때까지 그 지위를 유지하는 것이 결코 보증되어 있는 것은 아니었다.

그것은 천황의 관념적인 권위의 고양이 고대와 같이 개개의 천황 자신의 장구(長久)를 목적으로 한 것은 아니고 국가지배의 유지를 위한 정치적 수단과 밀접한 관계를 가지고 있었다. 중세적인 신손위군의 논리에서는 국왕은 왕가의 출신자에 한정되어 있었지만 이 국왕의 언행이 지배권력 총체의 의향에 맞지 않을 경우는 언제나 지위를 잃을 여지가 남아 있었다. 애당초 중세에 있어서 국가권력의 구성원 사이에서는 공경(公卿)은 나쁜 천황을 교체시키는 권리가 있다고 생각했다.

그 때문에 천황이 신국의 주인으로서 사람들 앞에 신성한 모습을 보였다고 하더라도 한번이라도 그 천황이 국왕으로서의 입장에서 벗어날 경우에는 앞에서 본 것과 같이 보다 보편적인 시점을 가진 불교나 유교의 이념을 총동원하여 지배권력 내부로부터 가차 없이 비판되었다. 또 '국왕으로서의 임무를 감수하지 못하는 극도의 어둡고 어리석은 주인공', '지배질서의 근본적 개변(改変)을 지향하는 위험인물'이라고 하는 꼬리표가 붙여져 천황 교체를 공공연하게 주장하였다. 그리고 그 이후의 천황이 지배권력의 눈에 벗어나지 않도록 해당 천황의 실각이나 요절, 지옥에 떨어진다는 이야기를 되풀이하여 공공연하게 전했던 것이다.

국가기관으로서의 천황이라고 하는 지위 그 자체의 정당화와 당면한 역할을 일탈하는 개개의 천황에게 가해지는 가차 없는 비판. 우리들은 여기에서 체제유지의 수단으로 변화된 천황의 모습을 볼 수가 있다. 중세의 천황에 대한 성화(聖化)와 상대화에 대한 언설이 현저하게 뒤섞이는 것은 동시기의 천황이 처해져 있던 이러한 입장을 염두에 두었을 때 처음으로 그 전체적인 의미를 이해할 수 있을 것이다.

국가와 천황의 분리

지금 나는 중세의 천황이 국가유지의 수단으로서의 성격이 깊다는 것을 지적하였는데 그것은 고대부터 중세에의 전환기에 있어서 광범위하게 진행되고 있던 '국가'와 '국왕'의 분리라고 할 수 있는 현상을 전제로 한 것이었다.

고대 신국사상의 중요한 요소가 신에 의한 국가의 수호에 있었던 것은 이미 논한 대로이다. 나라시대에 창설된 고쿠분지(國分寺)가 '곤고묘 시텐노 고코쿠(金光明四天王護國) 사찰'이라고 불린 것과 같이 불교에 있어서도 '호국', '진호국가(鎭護國家)'의 수행 역할의 중요성이 인식되어 있었다.

그 때 신들이나 불법에 의하여 수호되어야 할 '국가'라는 것은 고대에 있어서는 말할 필요도 없이 천황과 그 신체를 가리키는 것이었다. 『니혼쇼키』에서는 '우리 미카도(國家)가 천하에 왕으로서 계시는 것은'이라는 표현이 보인다. '국가'를 '미카도'라고 읽고 있었던 것으로부터도 알 수 있는 것과 같이 국가는 그 유일의 대표자인 천황 그 자체를 의미하는 개념이었던 것이다.

그런데 헤이안시대를 통하여 신불에 가호되는 '국가'라는 의미는 점차로 변화를 보이게 된다. 그 가운데에 천황 이외의 '국토'나 '인민'이라고 하는 요소가 포함되는 예를 수많이 볼 수 있는 한편 '국가'를 보다 넓은 지배체제 총체를 가리키는 개념으로서 사용되게 되는 것이다.

국가개념 총체에서 차지하는 천황의 지위 저하가 중세에 일반화되는 체제유지수단으로서의 천황관이 전제로 되는 것은 당연하다. 그것은 다른 한편으로는 '국가'를 국토와 인민의 안태(安泰)라는 방향으로 끌어들이는 것에 의하여 '안국(安國)'=평화로운 사회를 실현할 수 없는 천황·국왕은 실각하여도 당연하다고 주장한 니치렌(日蓮)의 릿쇼안코쿠(立正安國)사상이 그 기반이 된 것이다.

덕을 쌓는 천황

천황지위의 기관화는 다른 한편으로는 천황개인의 자질이나 자격을 둘러싼 논의를 활성화시키게 되었다.

신손위군(神孫爲君)의 논리는 천황이라고 하는 지위를 성화(聖化)는 하여도 그 지위에 있는 개개의 천황을 정당화하는 것은 아니었다. 그 때문에 가마쿠라시대 후기와 같이 황통이 지묘인통(持明院統)과 다이카쿠지통(大覚寺統)으로 분열되어 항상 복수의 황위 계승자가 경합하고 있는 상황 아래에서는 현역 천황이 자신의 재위를 정당화하거나 혹은 천황 경험자=원(院)이 자신의 황통에서 즉위를 요구하기 위해서는 신손위군의 논리만으로는 불충분하였다.

後醍醐天皇(清淨光寺)

지묘인통(持明院統)의 하나조노 상황(花園上皇)은 당시 고다이고 천황(後醍醐天皇)의 황태자였던 조카(후의 光嚴天皇)에게 준『계태자서(誡太子書)』에서 '고인일통(皇胤一統)'=신손위군(神孫爲君)의 논리에 의지하는 것을 경계하고 국왕으로서의 덕을 함양하는 것의 중요성을 역설하고 있다. 천황도 또한 도덕성을 몸에 지니는 것이 불가결하였다. 단지 그 도덕성은 어디까지나 개인의 행동 레벨에서의 문제이고 천황 스스로가 덕치주의에 근거한 이상 정치를 행한다고 하는 도에 어긋난 야심을 품고 있는 것은 절대로 용서되지 않았던 것이다.

다른 한편 다이가쿠지통(大覺寺統)의 고다이고 천황은 천황 지위에 있으면서 스스로 막부를 무너뜨리기 위한 기도를 하였다고 한다. 후지사와(藤沢)의 청정광사(清浄光寺)에 있는 고다이고 천황상은 천자(天子)로서의 고다이고 천황을 그린 것이지만 가사(袈裟)를 걸친 손에는 밀교의 법구(法具)를 가진 모습으로 되어 있다. 이미 논한 것과 같이 고대에는 재위중의 천황이 불교와 접촉하는 것은 터부시 되었다. 그러나 고다이고 천황은 천황으로서의 자신의 입장을 강화하기 위하여 주저하지 않고 불교의 힘을 이용하려고 한 것이다.

내가 본 바에 의하면 중세에 있어서 즉위관정의 도입도 일반적인 천황 신비화의 의식이 아니고 특정의 황통에 의한 자기 정당화의 시도라는 점에서 파악해야 할 것이다. 즉위관정과의 관계가 엿보이는 표현이 사료상에서 나타나있는 후시미(伏見)·하나조노(花園)·고코마쯔(後小松) 등의 여러 원(院)은 어느 쪽도 양통질립(兩統迭立)

이나 남북조의 분열 가운데서 어떻게 하면 자신 혹은 자기의 황통으로부터 즉위의 명분을 세울 수 있을까 하는 심각한 문제에 직면하게 되었다. 그러한 상황 하에서 그들은 자신의 왕통을 정당화할 다양한 방책을 시도하였다. 즉위관정도 그 하나의 예에 불과하다.

그 때 즉위관정을 둘러싼 언설은 필연적으로 불특정 다수의 대중들이 아니고 즉위자를 결정하는 권한을 가진 권력자 집단·조정 내부를 향하여 발신되는 것이었다.

4. 왜 천황이 필요했던 것인가

현밀(顯密)불교와 천황

나는 지금까지 중세에는 천황의 지위가 국가체제 존속의 수단화가 되었던 것, 그에 따라서 미리 부여된 역할을 일탈하는 천황은 교체되어도 당연하다고 하는 공통인식이 형성되었던 것을 지적하였다. 그러나 천황이 가진 권위의 상대화에도 불구하고 신손위군(神孫爲君)이라고 하는 원칙과 제도로서의 천황지위 자체가 부정되는 것은 결코 없었다.

소가우마코(蘇我馬子)의 스슌천황(崇峻天皇) 살해를 시인하였던 『구칸쇼(愚管抄)』도 한편으로는 "일본국의 관습으로서 국왕종성(國王種姓)의 계보에 속하지 않는 인물을 국왕으로는 하지 않는 신(神)의 세상으로부터 정한 나라"라고 말하고 있다. 천황의 권위를 초월하는 고차원적인 종교적 권위의 존재를 인정하는 입장에 서서 개개의 천황을 격렬하게 비판하였다고 하여도 천황이라고 하는 존재가 일본의 지배질서의 정점에 있다고 하는 일점(一点)에 관해서는 조금도 의문시되지 않는 것이다.

그것은 덕치론의 입장으로부터의 천황비판에 있어서도 같았다. 『진노쇼토키(神皇正統記)』의 "우리나라에서는 왕권이 교체되는 일은 없지만 정치가 혼란할 경우에는 오랫동안 유지하지 못하고 단절한다"라고 하는 말이 그것을 단적으로 가리키고 있다. '왕종(王種)'=황통의 교체는 처음부터 상정되지 않았다. 다른 성씨에 의한 왕조의 탈취인 역성혁명은 인정되지 않았던 것이다.

불신이나 인과의 이법(理法), 천이라고 하는 초월적 권위 앞에서의 천황은 본래 한 사람의 인간으로서 다른 사람들과 동렬(同列)의 존재였을 뿐이었다. 또 지배자라고 하는 관점에서 보면 무가정권의 장(長)과 같은 레벨에 위치지울 예정이었다. 그런데도 불구하고 천황의 존재 그 자체를 전면적으로 부정하고 다른 정치체제에의 이행을 인정하는 논리는 왜 출현하지 않았던 것일까.

국왕가(國王家)

그 하나의 이유로서 국가권력을 구성하는 섭관가나 무가, 사찰이나 신사도 천황의 권위가 저하되었다고 해도 신대(神代) 이래의 전통과 귀종(貴種)을 자랑하는 천황을 대신하는 것으로의 지배권력 결집의 핵심을 용이하게 발견할 수 없었던 점을 들 수 있다.

중세에는 국가권력을 구성하는 각각의 권문세가(權門勢家)는 자립한 장원영주인 동시에 지배계층의 정점을 구성하는 존재로서 이해를 같이 하는 입장에 있었다. 그 때문에 항상 지배권력 내부에서 그 조정과 통합이 시도될 필요가 있었다. 권력의 분산이 진전되는 중세사회에 있어서 권력 분산이 진행되면 될수록 역으로 나타날 수 있는 무정부적인 혼란상태가 나타나는 것을 방지하기 위하여 권문(權門)끼리의 조정과 지배질서의 유지가 중요한 과제로서 부상하게 된 것이다.

다양한 권문 사이에서 국가권력의 분장이 행하여진 것은 그 때문이었다. 그리고 제도상 국가의 정점에 군림하는 국왕을 배출하는 가문이라고 하는 역할을 짊어지는 것은 천황가였다. 정치적인 실권을 잃어버린 것처럼 보이는 천황이 여전히 국정의 정점에 위치하고 절회(節会)나 서임(叙任)·제목(除目)이라고 하는 국가적인 위계질서의 주요 부분을 장악하고 있었던 것은 단순히 그것이 고대 이래의 천황의 전통적 직장(職掌)이었던 것이 아니다. 그러한 위계질서를 필요로 하고 있던 지배계층 전체의 요청에 의한 것이었다. 권문세가 사이에서는 공적·국가적인 역할의 분할과 그 고정화가 진행되는 중세에서는 국왕의 지위를 천황가 고유의 가직(家職)이라고 보는 관념은 오히려 강화되었다.

따라서 천황 지위의 상실은 단순히 천황가라고 하는 하나의 권문의 몰락에 머물지 않고 지배계층 전체의 구심력의 핵으로 여러 권문을 위치지우기 위한 좌표축의 소실을 의미하고 있었다. 역으로 말하면 기존의 지배질서를 유지하려고 하는 한, 필연적으로 국왕

=천황을 표면에 내세울 수밖에 없다고 하는 구조가 만들어져 있었다. 그리고 이와 같은 구조 아래서는 천황의 신성불가침은 그 존재의 실태와는 무관하게 체제의 모순과 위기가 강화되면 강화될수록 지배 권력측에 의해 반동적으로 강조되지 않으면 안 되었던 것이다. 국가권력의 위기에 즈음하여 신도사상이 강화된 이유도 여기에 있었다.

이단 불교의 의의

천황제가 존속한 다른 하나의 배경에는 천황의 존재가 불가결하다고 하는 중세 고유의 사상 상황이 있었다.

중세에서는 지상의 권위를 초월하는 초월적 권위(本地仏)의 존재가 널리 승인되었다. 천황이라 할지라도 초월적 권위와 연결하여 초월적 권위를 자기 존재의 정당화의 원천으로 해 갈 필요가 있었던 것은 이미 지적한 대로이다.

이러한 사상의 상황 가운데는 당연한 것이지만 천황이 유일하게 정통적인 국왕일 필연성은 전혀 없었다. 즉 천황 이외의 권력자가 직접 초월적 권위와 연결하여 자신의 지배의 정통성을 이끌어내는 왕권의 양상도 존재할 수 있다. 예를 들면 로마 카톨릭이 속권(俗權)을 성별(聖別)하는 중세 유럽이나 천의 의지에 근거한 역성혁명을 시인하는 중국에서 보이는 것과 같은 타입의 왕권이었다.

더욱이 주목하여야 할 것은 이러한 타입의 왕권의 가능성을 논한 인물이 일본에도 실재한다는 것이다. 가마쿠라 불교의 조사(祖師)

의 한 사람, 니치렌(日蓮)이다.

니치렌(日蓮)에 있어서 유일지고(唯一至高)한 존재는 불법이고, 그것을 인격적으로 체현(体現)한 것이 석존이라고 하는 절대적 존재였다. 타계로서는 영산정토(靈山淨土)에 있는 석존은 전 우주의 본원적 지배자이고, 이 사바세계의 왕들은 불법을 수호하여 '안국(安國)'을 실현 하는 조건으로 석존의 영지의 일부가 위탁되었다. 그 조건을 위반하여 불법에 적대했을 때 왕은 종교적인 징벌을 받아 실각하고 지옥에 떨어지는 것이고 일본에서도 과거에 이러한 운명을 더듬은 천황이 실재하였다. —니치렌(日蓮)은 이러한 논리를 내세우는 것에 의해 천황의 권위를 철저하게 상대화함과 동시에 이전의 미나모토 요리토모(源賴朝)나 호조 요시토키(北条義時)와 같이 일시적이라 할지라도 천황을 대신하여 왕위에 오른 인물이 실제로 있었던 것을 공언(公言)하였다.

니치렌(日蓮) 이외에도 타계에 있는 본불(本仏)에서 절대적인 권위를 찾아내는 전수염불 등으로부터는 이러한 타입의 국왕관이 제기될 가능성이 항상 존재하였다. 민중봉기인 일향일규(잇코잇키, 一向一揆)에 보인 '이 세상의 주군보다도 저 세상의 부처'라고 하는 논리는 그 전형(典型)이었다. 미카와(三河)의 도쿠가와 이에야스(德川家康)의 가신들은 잇키(一揆) 때에 이 논리를 내걸고 도쿠가와 이에야스로부터 이반하였다. 이것은 현실에서 국왕의 지위를 차지하고 있던 천황가와의 인맥에 있어서도 정치 시스템에 있어서도 운명공동체의 관계를 쌓아 올린 구게(公家)들에게 있어서는 체제의 전면적인 붕괴를 초래하지 않는 한 절대로 인정하지 않는 선택지였다.

역으로 이러한 과격한 주장에 대항하기 위해서도 천황과 신국을 표면에 내세우지 않으면 안 되었던 것이다.

신국을 지탱하는 무가정권

그러면 또 다른 하나의 지배 권력을 구성하고 있던 무가정권이 천황을 대신하여 왕의 지위에 오른다고 하는 선택지는 있었던 것인가. 결론부터 말하면 그것은 불가능하였다.

구게정권(公家政権)도 무가정권도 중세 전기(前期)에 있어서 그 공통의 존재기반은 장원체제(荘園体制)였다. 또 조정과 가마쿠라 막부는 황족장군(皇族将軍)이나 섭가장군(摂家将軍)의 가마쿠라 파견 등을 통하여 상호 인적인 관계를 쌓아 올리고 있었다. 권문사원(権門寺院)에 들어가는 북조일문(北條一門)의 자제도 점차로 증가하여 사원을 무대로 하는 공무(公武)의 틀을 초월한 인맥도 널리 형성되어 있었다.

한편 이데올로기 방면으로 눈을 돌리면 무가정권에 있어서 그 현실적 권력을 지탱하고 있던 것은 신불에의 기도(祈)였다. 장군가(将軍家)의 기도사(祈祷寺)의 네트워크가 형성되어 호지승(護持僧)이 임명되었다. 가마쿠라에서는 시치세 하라이(七瀬祓い)·사각사경제(四角四境祭) 등 교토에서 천황을 성화(聖化)하기 위하여 행하여진 것과 동등한 종교의례가 행해졌다. 몽고침략이라고 하는 국가적인 위기에 직면하여 조정에서 행하여진 것과 똑같은 종류의 기도가 막부측에서도 수적(垂迹)의 신불에 대하여 행해졌다.

교토(京都)의 구게정권과 가마쿠라의 무가정권의 관계를 어떻게 생각하는가라고 하는 점에서는 오늘날 다양한 견해가 있다. 그러나 특히 지배를 증명하는 종교 이데올로기 측면으로부터 말하면 전통 불교와 수적의 권위에 의거하는 양자의 이해관계는 완전히 일치하고 있다.

그것은 즉 구게(公武)정권의 신불관이 수적(垂迹)을 배제하고 본지불과의 직접 연결을 호소한 전수염불이나 니치렌(日蓮)의 그것과 전혀 이질적이었음을 의미하는 것이었다. 인간이 이 세상의 신불=수적을 경유하지 않고 직접 피안의 본지불과 연결되는 타입의 신앙을 그들은 결코 용인할 수가 없었던 것이다. 그것을 인정하는 것은 수적의 위력으로 지탱하고 있는 자신들의 지위에 대한 자기부정으로 밖에 되지 않기 때문이다. 뿐만 아니라 그것은 그들 공통의 존재기반을 이루고 있던 장원제 지배를 근저에서부터 해체시키는 위험성을 내포하는 것이었다.

그 때문에 수적의 권위를 부정하고 신국사상을 거부하는 종파는 철저하게 배제할 필요가 있었다. 얼핏 종교적 관용으로 여러 종파의 공존을 용인하는 것처럼 보이는 중세 국가도 그러한 이유로 전수염불자나 니치렌(日蓮)의 과격한 신불 비판의 언동에 대하여서는 철저한 탄압으로 대응할 수밖에 없었던 것이다.

거기에 더하여 가마쿠라시대에도 관위 수여나 연호제정을 통하여 실제로 사회와 국가에 질서를 부여하는 역할을 한 것은 천황이었다. 그러한 기존의 질서와 권위를 뿌리째 폐지하고 피안의 본지(本地)에 전면적으로 의거한 국가를 세우는 것은 위험한 모험이고 적어도 현실적인 선택지로는 되기 어려웠다.

무가정권이 신국사상을 부정하는 것은 불가능하였다. 신불이나 천황이라고 하는 차토(此土)의 권위를 뛰어넘어 그 정통성의 근거를 피안의 부처에서 구하고 그 위광을 배경으로 한 단독정권을 지향하는 객관적인 조건은 적어도 가마쿠라시대의 단계에서는 전혀 존재하지 않았던 것이다.

종장

신국의 행방

日光東照宮陽明門(日光東照宮提供)

신국사상은 결코 고정화된 이념은 아니다. 그것은 역사의 상황에 응하여 자유롭게 모습을 바꿔왔다. 그것은 종종 보편세계에 눈을 뜨게 하여 비 '일본적'인 여러 요소를 포함하는 논리로서의 기능도 했다. 그런 연유로 혹시 '신국'의 이념을 현대에 살리려고 하는 것이 라면 안이하게 과거의 '전통'에 의지하는 것이 아니고 미래를 예시한 세계를 시야에 두고 그 내용을 새롭게 창조하여 나가고자 하는 각오 가 요구된다.

1. 내셔널리즘과 인터내셔널리즘의 사이에서

신국을 둘러싼 오늘날의 언설

지금까지 신국사상의 성립과 변용의 과정을 더듬어 보았다. 나아 가 그 일본=신국의 논리구조를 분석하고 이 사상이 역사상 어떠한 역할을 했는가를 생각해보았다.

지금까지의 상식적인 이해에서는, 신국사상은 천황을 주인공으로 하는 이 신성한 국토를 일본 고유의 신들이 수호한다고 하는 이념이었다. 그것은 일본열도와 거기에 살고 있는 사람들을 신성화하고 다른 여러 민족으로부터 구별하려고 하는 강렬한 선민의식이고 자민족 중심주의의 사고였다.

이 신국사상이 발흥(勃興)하는 계기가 된 것은 가마쿠라시대의 몽고침략이었다. 고대로부터 가마쿠라시대 전반에 이르기까지 일본열도는 압도적인 외래문화의 영향 아래에 있었다. 그 대표적인 것이 불교였다. 불교의 세계관에 의하면 일본은 세계의 중심에서 멀리 떨어진 큰 바다가운데의 작은 섬(小島, 辺土粟散)이고 악인이 무리를 지어 모이는 세기말의 암흑사회였다.

이러한 부정적인 국토관은 가마쿠라시대 후반에 들어와서 갑자기 역전한다. 몽고침략이라고 하는 대외적인 위기상황에서 발흥한 신국사상은 일본 국토를 신의 자손이 군림하고 신들이 수호하는 성지로서 전부 긍정했다. 또한 나아가 다른 나라에 대한 일본의 우월을 강하게 주장했다.

신국사상의 유행은 문화적인 측면으로부터 보면 '일본'적인 것의 자각과 깊이 연결되어 있었다. 외래문화와 대륙문화가 두텁게 표층을 둘러싸고 있던 시대는 마지막을 고하고, 이후 무로마치시대 · 에도시대로 계속되는 '일본인'에 의한 '일본고유'의 문화 창조가 본격적으로 시작되는 것이다.

기존 신국론의 환상성

이 책에서 일관되게 논해 것은 신국사상을 둘러싸고 이러한 상식적 이미지의 환상성이다.

우선 확인해두지 않으면 안 되는 점은 일본을 신국이라고 간주하는 이념이 몽고침략 때에 처음으로 탄생된 것은 아니었다. 일본=신국의 주장은 『니혼쇼키』 시대부터 근현대에 이르기까지 어느 시대에도 보이는 것이다. 그러나 우선 일본을 왜 신국이라고 규정하는가 라는 차원이 되면 그 논리는 시대와 논자에 따라서 큰 거리가 있었다. 그 배경에는 신국사상의 기반을 이루는 신 관념의 변모와 코스모로지의 대규모의 변환이 있었던 것이다.

강조하고 싶은 두 번째는 종종 신국사상의 전형적인 형태로서 언급되는 몽고침략 이후의 신국사상도 결코 빼놓을 수 없는 일본예찬의 논리는 아니었다. 중세의 신국사상의 골격은 타계의 부처가 신의 모습을 하고 일본열도에 수적하여 있다고 하는 관념이 있었다. 보편적 존재인 부처가 신의 모습으로 출현하였기 때문에 '신국'인 것이다. 인도나 중국이 신국이 아니었던 것은 부처가 신 이외의 모습을 하고 나타났기 때문이다.

현실의 다양한 사상(事象)의 배후에 보편적인 진리가 실재하는 것을 논하는 이러한 논리가 특정한 국토 · 민족의 선별(選別)과 신비화에 본래 익숙하지 않다는 것은 말할 필요도 없다. 중세적인 신국사상의 기본적 성격은 타국에 대한 일본의 우월의 주장이 아니고 그 독자성의 강조였던 것이다.

세 번째로 논하고 싶은 것은 신국사상이 지금까지 세계관의 주류를 이루고 있던 불교적인 것과 근본적으로 대립하는 것으로 불교적 열등감, 즉 말법변토사상을 극복하기 위하여 논하여졌다고 하는 견해가 전혀 성립되지 않는다는 것이다. 중세적인 신국사상은 불교의 세계관과 서로 맞지 않지만, 불교적인 말법변토 의식을 전제로 하여 비로소 성립이 가능하게 되었다. 보다 단적으로 말하면 신국사상은 불교의 토착과정에서 생겨난 사상이었던 것이다.

마지막으로 언급하지 않으면 안 되는 것이 천황의 문제이다. 천황의 존재야 말로 일본이 신국이 될 수 있는 가장 중요한 요인으로 간주되어 왔다. 그러나 중세의 신국사상에 있어서는 천황은 이미 신국의 중심적인 요소는 아니었다. 천황의 존재는 신국의 목적이 아니고 신국이 존속하여 가기 위한 수단으로 간주되었다. 나쁜 천황은 신불의 벌을 받고 신국에 적합하지 않는 천황은 퇴위시켜버리는 것이 당연하다고 하는 견해가 당시 사람들의 공통인식이었던 것이다.

인터내셔널리즘으로서의 신국사상

우리들은 신국사상이라고 하면 강렬한 자민족중심주의 · 내셔널리즘을 연상한다. 그렇지만 가장 그 요소가 강하다고 믿고 있는 몽고침략 이후의 신국사상 조차도 그 근저에 있는 것은 현실사회의 배후에 시대나 국경을 넘어 공통의 진리가 실재한다고 하는 인식이었다.

우리들이 살고 있는 이 사바세계에는 수많은 국가가 존재한다. 나라나 지역에 따라 사람들의 얼굴 모양도 말하는 언어도 문화도 다르다. 그러나 표면상의 차이에도 불구하고 우주에는 하나의 진리가 충만하게 차있다. 석가나 공자·맹자 등의 성인은 사람들의 눈이 그 진리를 향하게 하기 위하여 부처가 이 세계에 파견된 사자(使者)=수적(垂迹)이었다. 일본의 성덕태자나 고보다이시(弘法大師)도 그러한 역할을 담당하는 존재라고 믿었다. 그 수적 가운데 일본에만 존재하는 것이 있었다. 그것이 신이다. 그러니까 신국이라고 불리는 것이다.

중세 사조에 공통적으로 보이는 특색은 국토의 특수성에 대한 관심과 함께 보편적 세계로의 강한 동경이었다. 현실세계에 화현(化現)한 신불 성인에 대한 신앙을 통해서 우리들 누구나가 최종적으로는 피안의 이상세계에 도달할 수 있게 되는 것이다.─ 신국사상도 이러한 사상적·문화적인 토양에서 자라난 것이라는 점을 소홀히 해서는 안 된다.

중세의 신국사상이 가지는 그러한 이면성(二面性)을 니치렌(日蓮)을 소재로 하여 좀 더 보충하여 논해보고 싶다. 가마쿠라시대의 사상가로서 저명한 니치렌(日蓮)은 반복해서 일본 국토의 우수한 특성을 논하고 있다. 또 '일본국에는 첫 번째가 아마테라스 오미카미·두 번째가 하치만 대보살(八幡大菩薩)·세 번째가 산노(山王)를 시작으로 한 삼천여사(三千余社)의 신이 주야로 나라를 지키고, 아침저녁으로 국가를 지켜주고 있다. 신국왕어서(神國王御書)」라고 논하고 일본이 아마테라스 오미카미 이하의 신들이 수호하는 성스러운 국토인 것을 명언한다. 또 한편으로는 일본의 신은 불교의 수호신인 범천(梵天)·제석(帝釈)과 비교하면 '소신(小神)'에 불과하고 그 국토도 '변토속산(辺土粟散)'의 '악국(惡國)'이라고 주장하는 것이다.

물론 신국사상에 일본의 우월을 논하려고 하는 경향이 전혀 없었다고 논하려고 하는 것은 아니다. 내가 강조하고 싶은 것은 신국사상에는 그것 이상으로 인터내셔널한 세계·보편적 세계로의 지향성이 있었던 것을 인식하지 않으면 안 된다는 것이다.

2. 신국사상의 역사적 전개

피안세계의 축소

가마쿠라시대에 완성되는 중세적인 신국사상은 그 후 어떠한 변모를 거치면서 현대에까지 흘러오게 되는 것일까.

중세 후기 무로마치시대 이후, 일본열도의 사상세계를 뒤엎은 격진(激震)은 중세 전기(前期, 院政期, 鎌倉期)에 있어서 압도적인 사실성을 가지고 있던 타계 관념(他界観念)의 축소와 피안(彼岸, 저 세상)·차안(此岸, 이 세상)의 이중구조의 해체다.

중세 전기(前期)까지의 사람들에게 가장 중요했던 것은 이 현실세계가 아니고 저 아득히 먼 곳에 있다고 믿고 있었던 피안의 정토였다. 이 세상은 결국 임시 거처지에 불과하다. 사람들의 관심은 사후에 어떻게 이상 세계인 정토에 왕생할 수 있을까 하는 점에 집중하고 있었다. 이러한 세계관은 고대부터 중세에의 전환기에 성립한 것이었지만 무로마치시대에 들어와서는 왕생의 대상으로서의 먼 정토의 이미지가 점차로 쇠퇴하여 현세야 말로 유일한 실태라고 하는 견해가 퍼져가기 시작한다. 나날의 생활이 종교적 가치로부터 해방되어 사회의 세속화가 급속하게 진전된다. 그것은 드디어 에도시대에 와서 하나의 완성된 모습을 보이게 된다.

부처는 인간의 인지범위를 초월한 어딘가 먼 세계에 있는 것이 아니고 현세 내부에 존재한다. 죽은 자가 가야 할 타계(他界)-정토(浄土)도 이 세상 가운데에 있다. 죽은 자의 안온은 먼 정토에의 여정이 아니고 묘지에 잠들어 자손의 정기적인 방문과 독경 소리를 듣게 되는 것이다. 신도 또한 피안에의 안내자라고 하는 역할로부터 해방되어 사람들의 현세의 기도에 귀를 기울이는 것이 주요임무로 되어 갔다.

중세 후기에 일어난 코스모로지의 변동은 당연한 것이지만 그 위에 놓여진 다양한 사상에 결정적인 전환을 가져오게 하였다. 그 영향은 혼치스이자쿠사상에도 미친다. 근세에 있어서도 일본의 신을 부처의 수적이라고 간주하는 이 논리의 골격은 여전히 사람들에게 계속 수용되었다. 그러나 그 한편에서는 피안세계의 쇠퇴는 수적의 신에 대하여 특권적인 지위를 차지하고 있던 본지불(本地仏)의 관념의 축소를 초래하였다. 그 결과 근세의 혼치스이자쿠사상은 타계의 부처와 현세의 신을 연결하는 논리가 아니고 이 세상 내부에 있는 등질적인 존재로서의 부처와 신을 연결하는 논리로 변화하였다.

그것은 이전에 지상의 모든 존재를 초월하는 절대자와 그것이 체현(体現)한 보편적 권위의 소멸을 의미하고 있다. 중세에 있어서 현세의 권력이나 가치관을 상대화하고 비판하는 근거가 되었던 타계의 부처나 유교적인 천(天)이라고 하는 관념은 근세에서는 현세에 내재화하여 역으로 이 세상의 권력과 체제를 내부에서부터 지지하는 작용을 하게 되는 것이다.

통일권력의 종교정책

피안세계의 축소와 현세적 가치의 부상은 일본열도상에서 장기간에 걸친 코스모로지의 변동의 결과였다. 그것은 지반(地盤)의 침식과 같은 자연현상으로서 만이 아니고 인간이 만든 현실의 역사과정과도 밀접하게 관련되어 진행되었다.

일본에 있어서 피안세계의 후퇴가 시작되는 것은 14세기경의 일이었다. 가마쿠라시대에 일세를 풍미(風靡)한 염불종에서도 점차로 타계정토의 사실성이 엷어져 현세이익의 비중이 증가하고 있었다. 사람은 사후에 있어서 피안에서의 구제보다도 이 세상에서 충실한 생을 희구하게 되었다.

그러나 한편에서는 객관적 실재로서의 피안세계의 실재를 강력하게 주장하고 거기에 있는 모든 부처를 절대적 존재로 파악하는 발상은 중세를 통하여 존재하였다. 그러한 이념은 주로 민중층에 수용되어 세속의 권력과 대결할 때 정신적인 지주로서 사용하게 되었다. 사람들은 종종 타계(他界)의 절대적 존재와 직결해 있다고 하는 신념을 근거로 이 세상의 권력에 대한 복종을 부정하여 가는 것이다. 전국시대부터 아즈치 모모야마시대(安土桃山期)

에 걸쳐서 힘을 발휘한 법화일규(法華一揆)나 일향일규(잇코잇키, 一向一揆), 그리스도교의 사상에는 이러한 이념을 강하게 엿볼 수 있다.

천하인(天下人)과의 장엄한 투쟁 끝에 일향일규는 숨을 죽이게 되고 그리스도교는 근절 혹은 죽음이 되었다. 법화종(法華宗)이나 진종(眞宗)에서는 교학면에 있어서 피안표상이 희박한 교단만이 정통으로서 존재가 허락되었다. 히에이잔이나 고후쿠지(興福寺)라고 하는 대사원(大寺院)도 영지를 몰수당하여 치외법권의 특권을 박탈당하였다. 이렇게 에도시대 전반에는 모든 종교 세력은 통일권력 앞에 무릎을 꿇기에 이르렀다. 세속의 지배세력을 상대적으로 하락시킬 수 있는 힘을 가진 종교는 사회적인 세력으로서도 이념의 면에서도 소멸되어 버린 것이다.

통일 정권은 종교 세력을 무릎 꿇게 하는 것으로는 만족하지 않았다. 천하인이 목표로 하는 것은 민중이나 적대세력이 신앙을 구실로 하여 재차 반항의 손을 드는 것을 방지하기 위하여 종교적 권위를 자신의 지배질서 가운데에 두고 자신을 권위지우는 데 이용하게 된 것이다. 그 때문에 그들은 스스로 신이 되는 것을 목표로 하였다.

오다 노부나가(織田信長)는 자신을 숭배하면 부와 장수를 얻을 수가 있다고 하는 고찰(高札)을 총견사(総見寺)에 세웠다. 도요토미 히데요시(豊臣秀吉)나 도쿠가와 이에야스(德川家康)도 사후 각각 '호코쿠다이묘진(豊國大明神)'·'도쇼다이곤겐(東照大権現)'의 신호(神号)를 받고 신으로서 모셔졌다. 그 초상도 신상으로서의 형식을 갖추어 그려졌다.

그러나 피안세계가 축소하여 근원적 존재 관념이 소멸된 근세에서는 특정한 하나의 신이나 하나의 부처(一神, 一仏)가 신불세계를 총괄하는 것은 불가능하였다. 도쇼다이곤겐(東照大権現)도 이전 타계(他界)의 본지불(本地仏)이 차지하고 있던 지위에서 기존의 종교세계 전체를 지배하기까지에는 이르지 못했다. 그것은 결국 차토(此土)에 있는 수많은 신불의 하나로서의 입장을 초월하지는 못했다는 것이다.

히데요시(秀吉)·이에야스(家康)의 신국론

신국사상도 중세 후기에 일어난 코스모로지의 변동과 무관하게 있을 수는 없었다.

전란의 어지러운 세상을 평정하고 천하인이 된 도요토미 히데요시와 도쿠가와 이에야스는 기독교를 금지함에 있어 모두 다 일본이 신국이라는 것을 근거로 하였다. 각각의 신국 이념에 관련된 사료를 하나씩 들어보기로 하자.

① 우리 조정(朝廷)은 신국이다. 신은 마음이다. 삼라만상은 마음을 하나로 나타내지 않는다. (中略) 그러므로 신으로 하여금 만물의 근원으로 한다. 이 신을 인도에서는 불법(仏法)이라고 하고, 중국에서는 유도(儒道)라 한다. 그리고 일본에서는 신도(神道)라고 한다. 신도를 알면 불법을 알고, 또 유도(儒道)에서는 인(仁)을 근본으로

한다. 인의(仁義)가 아니면 즉 군주가 진정한 군주가 아니고 신하는 진정한 신하가 아니다.(1591, 天正 19年 포르투갈령[領] 인도총독 편 히데요시 [印度総督宛秀吉] 서간)

② 원래부터 우리나라는 신국이다. 개벽 이래 신을 숭상하고 부처를 존경한다. 부처와 신과 수적(垂迹)은 같고 다름이 없다. 군신충의(君臣忠義)의 도를 굳건히 하고 패국교맹(覇國交盟)의 약속, 투변(渝変)이 없는 것은 모두가 맹세함에 신에 의하여 믿음을 증명한다. (1612 [慶長 17]년 멕시코 총독편 도쿠가와 이에야스[德川家康] 서간)

여기에 보이는 '신국'의 관념을 주변 사료를 참조하면서 상세하게 해독하는 것은 의미가 없다. 만약 있다고 하여도 당면하는 몇 개의 특징적인 점만을 지적해두고 싶다.

유교윤리의 부상

이 양자(両者)에 보이는 신국은 양쪽 다 불교와 매우 친화적인 것으로 그려져 있고 그 내부로부터 불교적 요소를 배제하려고 하는 경향은 모두 없다. 또 ①의 불법 · 유도(儒道) · 신도를 같은 '신(神)' 즉 진리의 현현(顯現)으로서 일체시하는 주장과 ②의 신불동체설(神仏同体說)의 근거에는 혼치스이자쿠설을 생각나게 하는 논리가 사용되어 있다. 그 때문에 얼핏 보기에는 이것을 신불혼교(神仏混交)를 전제로 한 중세적인 신국사상과 구별하는 것은 곤란하다. 그러나

이 논리를 상세하게 보면 중세적인 신국론의 주류와는 명확하게 다른 부분도 존재한다.

중세에 있어서 혼치스이자쿠라는 것은 타계의 부처가 다양한 모습을 하고 이 세상에 출현하는 것을 의미하고 있다. ①의 논리는 바로 그것을 생각나게 하는 것이다. 그 때 중세에서는 본지불이 있는 정토(浄土)는 타계적(他界的) 성격이 매우 농후한 땅이었다. 거기는 이 세상과 단절되어 인간이 쉽게 인식할 수도 없는 먼 세계였다.

그런데 ①의 경우 본지(本地)에 해당하는 '신(神)'은 '심(心)'이라고 정의되어 있다. 만물의 근원인 신은 다른 차원의 세계에 사는 사람이 아니고 인간에 내재하는 것이었다. 그 신은 동시에 '인의(仁義)'라고 하는 근본도덕의 형태로 이 세상의 인간관계·군신관계의 질서를 지탱하는 역할을 하고 있었던 것이다.

②에서는 신과 부처의 동체(同体)가 역설되지만 여기에도 동체설(同体説)의 근거를 이루는 '수적'은 타계로서의 정토와 현세를 연결하는 논리로는 인식되어 있지 않다. 다른 한편 신은 '군신충의(君臣忠義)'라고 하는 유교도덕을 기능시키는 근거로서의 역할을 수행하는 것으로 되어 있다.

①, ② 어느 쪽을 취하여도 중세적인 혼치스이자쿠·신국이념의 배후에 항상 있었던 먼 피안의 관념은 전혀 모습을 보이지 않는다. 신이 인간을 타계정토로 유도한다고 하는 발상도 모두 없다. 그 대신 인간이 일상생활을 영위하는 현세와 거기에서 기능하는 유교윤리가 부상하고 있다. 혼치스이자쿠는 타계와 현세를 연결하는 3차

원 세계에서의 관계가 아니고 현세를 무대로 하는 2차원의 평면세계에서의 신불관계에로 변화하는 것이다.

이러한 신국론이 무로마치시대에 체계화된 요시다 신도(吉田神道)의 영향을 받은 것은 이미 지적되었다. 얼핏 보기에는 중세 이래의 전통을 계승하고 있는 것과 같이 보이는 도요토미 히데요시와 도쿠가와 이에야스의 신국사상은 중세 후기에 있어서 신도 교학의 전개와 코스모로지의 변모를 전제로 한 새로운 타입의 신국론이었던 것이다.

3. 자국 중심주의로의 선회

자국 중심주의로서의 신국사상

중세적인 혼치스이자쿠사상의 변용은 한편으로는 중세까지 신국사상의 내용을 규정하고 있던 이념의 외곽 소실을 의미하는 것이다.

중세적인 신국사상의 중심핵을 이루는 것은 타계의 부처가 신으로서 이 열도에 수적하고 있다고 하는 관념이었다. 현실의 차별상(差別相)을 극복하는 보편적 진리의 실재에 대한 강렬한 신념이 자민족 중심주의로 향하여 신국사상이 폭주하는 것을 저지하는 브레이크로서의 역할을 한 것은 이미 지적한대로 이다.

그러나 중세 후기에 생긴 피안표상의 쇠퇴에 따라 각 지역, 각 민족을 상대화하는 시좌(視座)를 잃어버렸다. 보편적 세계관의 뒷 방패를 잃은 신국사상에는 마침내 일본의 일방적인 우월을 논하는 데 있어서 어떠한 제약도 존재하지 않았다.

에도시대 중기의 신도가인 마스호 잔구치(增穗殘口)는 불교의 사후 구제설을 엄하게 비판하는 한편 부부관계를 중심으로 하는 이 세상에서의 '연애모정(恋愛慕情)'의 중요성을 논하였다. 또한 "삼천세계 가운데서 일본만큼 존귀한 나라는 없다. 인간 가운데서 일본인 보다 부드럽고 교양이 있는 사람은 없다"(『유상무상소사탐[有象無象小社探]』)라고 논하며 '신국'일본을 쌍수를 들어 극찬하고 있다. 또 에도막부 말기의 국학자 나카지마 히로아시(中嶋広足)는 일본이 보기 드문 '신국'인 것에 대하여 '외국은 선조도 정확하지 않은 짐승과 같은 인종'(『동자문답[童子問答]』부록)이라고 하여 일본의 절대적인 우월을 강조하고 있다.

이것들은 극히 하나의 예에 불과하며, 에도시대 중기 이후 신도가나 국학자들을 중심으로 종종 신국을 언급한 것이 보인다. 거기에서는 많은 경우 일본과 그 이외의 나라들과의 구별을 선천적·고정적인 것으로 파악하고 신국사상의 위대함을 극찬하고 있다. 일본 특수성의 강조라고 하는 성격을 가장 큰 의의로 생각하고 있던 중세적인 신국사상으로부터 일본의 절대적 우위를 골자로 하는 근세적인 신국사상에의 전환은 이러한 과정을 거쳐 행하게 된 것이다.

신국사상의 세속화와 다양화

중세의 신국사상을 규정하고 있던 외곽의 소멸은 이론적으로는 신국사상의 독자성을 허가하는 결과가 되었다.

뒤돌아보면 고대에 있어서도 일본=신국의 이념은 국가가 보증하는 아마테라스 오미카미를 정점으로 하는 신기계(神祇界)의 정연한 서열을 전제로 하고 있었다. 신국사상은 이 질서에 따르는 형태로 주장되어 있었다. 그 자유로운 전개가 큰 망(網)에 걸려있다고 하는 점에서 고대 · 중세의 신국사상이 가지는 공통적인 성격을 찾을 수 있다.

그러나 근세사회에서는 신국론의 중심을 규제하는 어떠한 사상적 규제도 없었다. 일본=신국의 주장은 권력비판에 연결되지 않는 한 누구나가 자기 자신의 입장에서 생각하는 대로 논하는 것이 가능하게 되었다. 사상이나 학문이 종교 · 이데올로기로부터 분리하여 홀로 걷는 것이 가능하게 된 시대가 근세였다. 신국사상이 다양한 사조와 연결되어 자기 스스로 전개하여 가는 객관적 조건이 근세가 되어 처음으로 성숙하게 된 것이다.

우리들이 그 이전의 것과 비교하여 근세의 신국사상으로부터 받은 첫 인상은 내용과 창도자가 놀랄 만큼 다양하다는 것이다. 근세의 신국론은 우선은 천하인(天下人)이 된 도요토미 히데요시나 도쿠가와 이에야스 주변의 불교자로부터 발생되었다. 다음으로 하야시 라잔(林羅山)이나 구마자와 반잔(熊沢蕃山)이라고 하는 유학자들에게 그 주장이 나타나게 된다. 에도시대 중기 이후는 신도가나 국학자를 시작으로 심학자나 민간종교 사상가의 저작 혹은 통속 도덕서 등에 널리 산재해 있다.

이러한 신국론은 일본을 신국으로 간주하는 근거 하나를 취하여도 실로 다양한 변화가 있었다. 그 가운데 어느 것을 '근세적'인 신국사상의 전형적인 형태로 볼 것인가라는 논의는 생산적이 아니다. 오히려 누구나가 아무런 제약 없이 불교·유교·국학 등의 여러 사상과 관련하여 '신국'을 말하게 된 상황이 도래한 것에 중세와 다른 에도시대 고유의 사상 상황을 나타내고 있는 것이다. 그때 그 모두에 공통되는 요소로서 현실 사회를 유일의 존재 실체로 간주하는 세속주의의 입장과 강렬한 자존의식이 존재하는 것은 앞에서 논한 대로다.

천황의 나라로서의 신국

근세적인 신국사상의 또 다른 하나의 특색으로서 빼놓을 수 없는 것은 천황이 차지하는 중요한 위치다. 중세의 천황은 일본=신국론의 중심으로부터 배제되어 있었다. 이에 대하여 근세의 신국사상은 천황이 재차 신국과의 강한 연관성을 회복하고 그 중심에 있게 되는 것이다.

중세에 있어서 가장 높은 권위의 담당자는 초월적 존재로서의 피안의 본지불(本地仏)이었다. 이 본지불과 그 수적(垂迹)인 신이야말로 중세적 신국사상의 주역이었다. 천황은 신의 자손으로서 왕의 지위에 올라 있었지만 신국의 주인으로서 적합하지 않다고 판단되면 곧바로 그 지위가 교체되는 존재였다. 게다가 중세에는 신의 자손은 천황만이 아니고 모든 인민이 신의 흐름을 이어받은 자(신윤, 神胤)라는 것이 강조되어 있었다.

그렇지만 중세 후기 왕생 대상지로서의 먼 정토와 절대적 존재로서의 본지불의 이미지가 약화되어 현세가 차지하는 범위가 확대되어 간다. 그것은 이전의 천황을 포함한 지상의 모든 존재를 상대화하던 피안적 · 종교적 권위가 무대의 배후에 물러나는 현상을 의미하는 것이었다.

여기에서 혼치스이자쿠의 논리는 신국을 지지하는 토대로 더 이상 서지 못했다. 초월적 권위가 힘을 잃은 지금 일본이 신국인 것을 보장하고 현실의 정치권력을 정당화할 수 있는 고차원적인 권위는 고대 이래의 전통을 가진 신의 자손으로서의 천황밖에 없었다. 먼 피안세계와의 수직 관계에서 신국의 근거를 나타내지 못하였던 사람들은 천황을 매개로 과거와 현재를 연결하는 수평적 역사적 수맥 가운데에 일본이 신국인 증거를 나타내려고 한 것이다.

에도 막부 말기의 막번 체제의 동요와 외국의 침략에 대한 위기의식은 사람들에게 새로운 국가체제의 모색을 강요하게 되었다. 직면하는 위기를 극복하고 '국(國)'=번(藩)을 초월하여 '일본'을 하나의 국가로 만들려고 할 때 그 기둥이 되어야 할 존재로서 천황 이외의 선택지는 없었다. 천황제의 전통에의 언급은 근세를 통하여 넓고 깊게 사회에 침투하여 있던 신국의 기억을 환기시키는 것이다.

메이지 유신의 신불분리

에도시대 후기에 일어난 천황이 군림하는 국가로서의 신국 혹은 신주(神州) 의식의 앙양은 메이지 유신을 거쳐 근대에까지 이어져왔다. 그러나 유신정부라는 것은 신국, 즉 천황의 나라라고 하는 기본 노선은 계승하면서도 그 내용물을 다른 것으로 바꾸려고 하는 시도였던 것이다.

메이지원년(明治元年, 1868) 3월 이후, 성립 후 얼마 되지 않았던 메이지정부(明治政府)는 '신불 분리령(神仏分離令)'으로 불리는 일련의 법령을 발포하여, 신사나 신기신앙(神祇信仰)에 대한 불교의 영향을 배제하도록 명령했다. 천황을 중심으로 자리 잡은 신생일본을 시작하려고 함에 있어서는 아키츠미카미(現御神)로서의 천황의 권위를 지탱하는 신들의 세계를 재구축하고 근대 천황제에 어울리는 새로운 신화를 창조하여 갈 필요성이 있었다. 그러나 아마테라스 오미카미를 시작으로 하는 일본의 신들은 헤이안시대 이후 현실적으로는 혼치스이자쿠설 등을 통해서 불교적인 세계관에 편입되어 부처의 밑에 위치지어져 있었다.

신사의 조직에 있어서도 많은 신사에서는 신관(神官)이 승려의 하위에 만족하고 있었다. 불상이 신체(神体)로 되어 있는 것이 전혀 부자연스러운 일이 아니었다. 에도시대 이후 중세적인 혼치스이자쿠설이야 말로 변질되어 버린 것으로, 사회적인 존재의 실태로부터 말하면 신과 부처는 변함없이 밀접 불가분의 관계를 유지하고 있었던 것이다.

천황제 국가의 중추가 되어야 할 일본의 신들이 외래의 부처의 바람이 불어가는 쪽에 있다고 하는 현상은 메이지 국가의 지배층에게는 아주 탐탁지 않은 것이었다. 권력자가 그린 종교상(宗敎像)에 딱 들어맞게 하기 위해서 수백 년의 긴 세월에 걸쳐서 친밀한 관계에 있던 신과 부처를 무리하게 분리시켰다. 메이지 정부의 신불 분리 정책에 의해서 외래 종교에 더럽혀지지 않은 '순수한' 신들의 세계가 처음으로 일본열도에 탄생하게 된 것이다.

근대 일본에 있어서의 신국 창출

이러한 종교세계가 극심한 변화를 거친 후에 성립되는 근대의 신국이념은 단지 한 개라 할지라도 신기(神祇) 이외의 요소를 허용하지 않았다. 불교적인 이념을 배경으로 하는 중세적인 신국론은 물론이고 근세에 보이는 국내외의 사상과 연결된 다채로운 신국의 관념이 꽃피우는 일도 없었다. 만약 그러한 신국의 관념이 역설된다고 한다면 국가신화에 대한 공공연한 반역으로 간주된다. 에도막부 말기에서 근대에 걸쳐 기생하는 민중종교는 천지개벽설이나 그 세계관에 있어서 고대의 신화적 세계로부터 많은 소재를 얻고 있다. 그렇지만 그러한 것들조차 그 세계관이 국가 신화에 저촉되는 경우는 예외 없이 탄압을 받게 되었다.

천황을 국가의 중심으로 하고 '전통적'인 신들이 수호한다고 하는 우리들에게 친숙한 신국 관념은 이러한 과정을 거쳐 근대국가의 출발과 함께 형태를 갖추어 가게 되었다. 이는 이전 중세의 신국 관념과 같이 자연스럽게 일본을 상대화하여 어떠한 예시도 포함시키지 않았다. 독선적인 자존의식에 입각하여 망설임 없이 주변 여러 나라의 침략을 정당화시키는 신국사상으로의 도달은 이미 눈앞에 와 있었던 것이다.

4. 신국사상과 현대

신국사상을 직시할 필요성

냉전이 종결되고 포스트 모더니즘의 시대에 들어왔다고 하는 오늘날 내셔널리즘은 세계 각지에서 강한 불꽃을 태우고 있다. 내셔널리즘과 결합된 종교도 또 정치세계에 큰 영향력을 발휘하고 있다.

일본에서도 근년 전후 역사학의 재검토가 주장되어 야스쿠니(靖國)문제가 논의를 일으키게 된다. 헌법 개정을 처음으로 하는 현실의 정치과정이나 아시아 여러 나라와의 외교문제와 관계하면서 내셔널리즘의 문제는 금후 점점 사람들의 관심을 집중시켜 갈 것으로 생각한다. 이 시점에서 일본의 내셔널리즘의 원점이라고도 말 할 수 있는 신국사상은 우리들이 과거를 되돌아보며 미래를 응시하려고 할 때 결코 무시할 수 없는 문제이다.

그러나 신국사상에 관해서는 사갈(蛇蝎)을 싫어하는 것처럼 그것을 싫어하여 언급하는 것조차 꺼려하는 사람들과 그것을 '일본인'의 마음의 안식처로 믿는 사람들 사이에서 옳고 그름의 찬반양론의 견해가 소용돌이를 일으켜 객관적으로 냉정한 논의를 할 수 없는 상태로 되어있다. 이것은 정말로 불행한 상황이라고 해야 할 것이다.

신국사상을 통째로 부정하는 견해에 대해서 나는 일본이 신국이라고 하는 이념 자체를 나쁘다고 간주하고 논의를 봉인해서는 안 된다고 생각한다. 왜냐하면 자민족을 선택받았다고 하는 발상은 시대와 지역을 불문하고 세계 여러 곳에서 볼 수가 있기 때문이다. 신국사상도 그 하나였다. 그것은 일본열도에 거주하는 사람들 사이에서 장기간에 걸쳐 주창되어 온 것이며 배외주의(排外主義)로서 뿐만 아니라 역으로 보편세계에 눈을 뜨게 하는 논리로서 또 외래의 여러 요소를 포섭하는 논리로서의 역할을 한 예가 있었다. 그러한 의미에 있어서도 이 사상은 어김없이 일본열도에서 자란 문화적인 전통의 하나이고 그것이 행한 역사적인 역할은 말끔하게 총괄해야 한다고 해도 우리들은 그 문화유산으로서의 무게를 올바르게 인식하여야 할 의무를 부여받은 것이다.

역으로 그것을 전면적으로 긍정하는 사람들에 대해서 나는 그것을 안이하게 우선 타자 · 타국을 향해서 정치적 슬로건으로 해서는 안 된다는 것을 역설해두고 싶다. 그것은 '신국'이라고 하는 이념에 여러 가지 생각을 담아온 선인들의 노력과 신국이 안고 있는 두터운 사상적 · 문화적 전통을 부정하는 결과가 되기 때문이다.

우리들은 감정에 맡겨 신국을 소리 높여 외치기 이전에 신국을 창도하는 것에 자신의 전 존재를 건 고인 한 사람 한 사람의 신념과 그 육성을 역사 가운데서 발굴해가야 하는 책임을 지고 있다. 그들이 스스로의 생각을 '신국'에 의지하지 않으면 안 되었던 그 결단의 무게를 가슴에 간직해가지 않으면 안 되는 것이다.

학문 방법으로서의 신국

신국을 제기하는 문제에 정면으로 대응하지 않으면 안 되는 것은 연구자에게 있어서도 동일하다. 역사학을 시작으로 하는 학문적인 입장에 서 있는 자에게 있어서는 신국은 가능하면 피해 가고 싶은 테마 중의 하나이다. 그것은 연구의 대상이라고 하기보다는 비판하고 극복해야 할 표적으로 간주되어 왔다. 스스로 국토를 '신국'이라고 간주하는 선민사상이 수천 년에 걸쳐서 계승되어 현대에 있어서도 사람들의 사고에 영향을 미치고 있다고 하는 현상을 천황제의 존속과 연관시키면서 '이상한' 사태로 파악하는 것이 '진보적'이라고 여기는 것이 연구자의 일반적인 인식이라고 해도 좋을 것이다. 그러나 신국이라고 하는 하나의 관념이 이 정도로 긴 세월, 동일한 사상으로 간주하기 어려울 정도로 그 내용을 변화시키면서 어쨌든 간에 계승되어왔다고 하는 사실은 역시 중요하다.

대개 학문적인 위치를 취하려고 하는 한 자국의 문화적 전통을 논함에 있어 폐쇄된 사람들을 대상으로 하는 내부의 논의에 치우치는 것은 허락되지 않는다. 국경을 초월한 지식의 세계에 공헌할 수 없는 형태로서의 자국문화에의 언급은 학문적으로는 전혀 의미가 없다. 그것은 신국사상과 관련해서도 예외가 아니다.

신국사상은 일종의 선민사상이면서 한편 정반대적인 보편주의에의 지향도 내포하면서 다양한 형태로 모습을 바꾸면서 고대부터 현대까지의 역사를 탄생시켜왔다. 세계적으로도 매우 귀중한 사례이다. 더욱이 신국의 내용은 그 사상적 기반을 이룬 각 시대의 신 관념이나 코스모로지와 불가분의 관계를 가지고 있었다. 그 때문에 일본열도의 사상과 문화의 역사를 통일적·총체적으로 파악하기 위한 시좌(視座)와 방법의 시도로서 신국사상은 아주 좋은 소재가 된다고 생각한다.

세계 속에서의 신국사상

또한 시야를 넓혀 신국사상을 세계 각지의 자민족 지상주의나 내셔널리즘과 비교검토해 갈 필요가 있다. 세계종교라고 불리는 기독교·불교·이슬람교 등이 전파된 지역에서는 전근대의 한 때, 보편주의적인 세계관이 주류를 점한 단계가 있었다. 우주를 관통하는 종교적 진리에 대한 신뢰가 상실되어 보편주의의 구속으로부터 해방된 지역이나 민족이 자화상을 모색하면서 강한 자기주장을 개시하는 것이 근대라고 하는 시대였다.

자국의식과 보편주의가 공존하는 신국사상에 관한 연구 성과는 방법과 실증 양면에 있어서 각 지역의 보편주의와 자민족 중심주의와의 관련성과 공존 구조 해명에 어떤 형태로든 학문적인 공헌이 예상된다. 그것에 의해 세계적인 시야 가운데서 신국사상의 독자성과 사상사적 의의를 생각해가는 전망도 열릴 것이 틀림없다. 그것은 얄팍한 자존의 논리 차원의 대비가 아니고 그 배후에 있는 사상세계의 전체상까지도 언급한 것인 만큼 중후한 비교문화론이 될 수 있는 가능성을 가지고 있다.

　신국사상은 그 기저에 있는 '신'의 문제와 함께 지금도 여전히 '일본인'에게 무거운 질문을 던지고 있다. 우리들은 거기로부터 도피하거나 눈을 피하거나 하는 것은 허락되지 않는다. 그것과 정면으로 맞서 그 역사적인 실태를 명확하게 해가는 것에 의해서 만이 신국의 나쁜 주박(呪縛)으로부터 완전히 해방되어 그 전통을 미래의 역사 교훈으로 살려갈 수 있는 길이 열릴 것으로 나는 확신하고 있다.

나오면서

'일본사상'이라고 하는 것은 존재하는 것일까. 존재한다고 하면 도
대체 어떠한 것일까라는 물음은 근대 이전부터 오늘날에 이르기까
지 반복해서 계속 되어온 의문점이었다.

오늘날 '일본사상의 전통'은 근대에 들어와서 만들어진 픽션이었
고 그러한 실체는 없다고 하는 견해를 가지고 있는 연구자도 많다.
한편 그 존재를 인정하는 입장에서는 많은 해답이 제시되었는데,
그것은 크게 두 가지 관점으로 나눌 수 있다.

하나는 '신' 혹은 '신도'를 일본 고유의 것으로 하여, '불교'나 '유교'
를 외래의 것이라고 구분지은 후에 '신' 혹은 '신도'에 태고시대로부
터 현대까지 일관되는 '일본사상'의 특색을 표출하려고 하는 입장이
다. 일본문화의 핵심에는 항상 '신도'로 대표되는 고유의 원리가 작
용하고 있고, 그것을 휘감고 있는 외래의 여러 요소를 벗기기만 하
면 일본문화의 지하수맥을 용이하게 발견할 수 있다고 하는 생각이
다. 에도시대의 국학 이래의 전통을 가진 이러한 발상에는 불교 ·
유교 · 기독교는 전통사상과 대립 혹은 대치하는 것이 당연한 논리
로 위치지어져 있다.

다른 하나는 '일본사상'을 구성하는 여러 요소를 '전통'과 '외래'로 구분하지 않고 계속해서 새로운 사상을 해외로부터 유입하여 그것을 탐욕스럽게 흡수·소화해가는 것에 의해 일본적인 사상원리의 독자성을 찾아내려고 하는 것이다. 여기에서는 불교를 시작으로 하는 복수의 사상적 요소의 공존이라고 하는 현상은 오히려 적극적·긍정적으로 평가되고 있다.

나는 지금 지적한 양쪽 도식 모두 다에 꽤 오래 전부터 강한 위화감을 가지고 있었다. 그것은 양쪽 모두다 일본사상을 신도·불교·유교·도교·기독교 등의 여러 요소로 나눈 다음에 파악하려고 하는 것이다. 역설적으로 말하면 그러한 사상적 요소를 조합하는 것에 의해 어느 시대의 일본사상의 전체상이 재구축된다고 하는 발상을 내포하고 있는 것이다.

우리 현대인들에게 있어서 이러한 장르의 구분은 일반적인 상식이다. 그러나 전근대의 사람들, 그 중에서도 일반인들에게도 그러한 사고가 있었을까. 그들과 그녀들은 과연 우리들과 같은 그러한 구별을 한 것일까. 혹시 그 구분 그 자체가 무의미하다고 한다면 신도·불교·유교라고 하는 범주를 전제로 하여 전근대의 사상세계를 해명하려고 하는 방법, 그 자체가 근본적으로 제 인식되어야 할 필요가 있는 것이 아닐까.

내가 연구자의 길로 접어든 당시에는 중세사상이라고 하면 불교사상 외에 다른 분야는 별로 할 수 있는 것이 없었다. 그 정도로 연구의 세계에서 불교가 차지하는 비중이 컸다. 그러한 연구 상황을 고려하여 나 또한 처음에는 불교를 중심축으로 한 중세사상사를 구상하였다. 그런데 결국 지금 논한 것과 같은 의문을 가지게 되어 불교·신도·유교라고 하는 틀을 벗긴 형태로 시대의 사상상(思想像)을 충실하게 재구성해야 할 필요성을 통감하기에 이르렀다. 그 과제를 풀기 위하여 처음으로 선택한 테마가 바로 이 '신국사상'이다.

종래의 통설에서는 '고유의', '신도적(神道的)인'이라고 하는 형용(形容)으로 논해왔던 신국사상이었지만 그 전개 시기는 불교의 전래와 같이 해 왔다. 또 선입관을 배제한 사료를 읽어 가면 '신국'이 종종 진한 불교적인 논리로 설명되는 예를 접하게 되었다. 그 때문에 이 신국사상을 있는 그대로의 형태에서 정확하게 이해하는 것이 단적으로 상식적인 '신국' 개념을 일신하는 것이고, 나아가 방법적인 면에서 사상사 연구의 새로운 시점의 확립으로 연결되는 것이 아닌가라는 전망을 가지게 된 것이다.

그러한 소박한 의문을 추구해가는 가운데 겨우 형태를 갖춘 것이 1995년에 『일본사연구(日本史硏究)』390호에 발표한 「신국사상고(神國思想考)」라는 논문이다.

이 책 구상의 골격을 이루는 그 논문은 나 자신이 지금까지 진행해 온 연구 가운데서도 각별한 어려움이 따른 것이다. 결국 구상 단계에서 자료수집·분석을 거쳐 눈에 보이는 성과가 나올 때까지 10년 가까운 세월을 필요로 하게 되었다.

아직까지 미흡한 부분도 있겠지만 나름대로 최선을 다한 만큼 자신감을 가지고 학계에 내놓았다. 그러나 학계에서 이 논문의 평가는 결코 바람직하지 못하였다. 게다가 관련 전공분야의 연구자들로부터는 완전히 무시 혹은 묵살되었다. 그 배후에 있는 방법적인 문제의식이 화제가 되는 경우는 결코 없었다. 그리하여 그 후 나 자신의 연구과제와 문제관심이 다른 쪽으로 옮겨간 것도 오랫동안 신국론을 언급할 기회가 없었던 이유 중의 하나이다. 그러나 새로운 세기에 접어든 이후 국내정치와 국제정세와 관련된 여러 움직임이 일어나게 되었다. 역사교과서와 관련하여 이웃 여러 나라들을 자극시키면서 논란을 불러일으킨 모리(森) 전 수상의 '신의 나라' 발언은 큰 화제를 불러일으켰다. 또 고이즈미 준이치로(小泉純一郎) 당시 수상의 야스쿠니(靖國)신사 참배문제도 강한 파문을 일으켰다. 이러한 상황 속에서 일본 국내에서는 '일본회귀(日本回歸)' 지향이 눈에 띄게 주장되었다. 한편 그것에 반발하는 사람들과의 사이에서 격한 논쟁도 전개 되었다.

이러한 와중에 아카데미즘의 세계를 무대로 하는 관련 학자들 가운데서 지금까지 현실문제에 별다른 관심을 가지지 않았던 인문학 관련 학자들이 현실 정치문제에 적극적으로 참여하여 자신들의 주장을 하는 사례가 늘어나게 되었다. 물론 나는 학자가 아카데미즘의 상아탑에 틀어박혀 있어야 한다고 주장하는 것은 아니다. 한 사람의 시민으로서, 또 한 사람의 국민으로서 당연한 것이지만, 우리들은 사회와 관련되어 정치에 참가하는 권리와 의무를 지니고 있다.

그때 연구자가 해야 할 제1의 역할은 다양한 정치적인 대립에 대해서 정확한 정보와 지식을 제공하여 논의의 중심을 바로잡아야 하는 것이 아닐까 생각했다. 현실적으로는 대립하는 진영의 한 쪽 편에서 대립을 적극적으로 선동하는 상태가 되어서는 곤란하다고 생각한다. 그런데 내가 이전에 이미 논한 '신국'에 관해서, 역사 전문가들조차 기본적인 사실에 그릇된 인식을 부여하여 감정적인 논의를 반복하는 양상을 보고 더욱 그러한 생각을 가지게 되었다.

그러한 생각을 하고 있던 차에 마침 치쿠마쇼보(筑摩書房)의 이토 다이고로(伊藤大五郎) 씨로부터 운 좋게 치쿠마신서 집필 권유를 받았다. 이 책은 그 이토(伊藤) 씨와 약 1년간에 걸친 이인삼각(二人 三脚)의 연구 성과라고 할 수 있다.

'들어가면서'에서도 논한 것처럼 본 서적은 '신국'에 관해 대부분의 사람들이 가지고 있는 일반적인 견해와는 다른 이미지를 제시함으로써 지금까지의 상식을 타파하는 것이 제1의 과제이다. 동시에 '신국'이라고 하는 가장 '일본적'이라고 생각하기 쉬운 개념이 실제로는 신도 · 불교라고 하는 요소로 환원할 수 없는 독자적인 논리 구조를 낳은 것을 밝히는 연구방법과 그것과 관계되는 문제제기를 시도한 것이다.

오늘날 '신국'은 한차례 정치적 영향력이 있는 인물의 입에 오르내리면 격한 정치적 논의를 환기시키는 것이 필수적이었다. 관련 전공연구자들 조차도 '반동적' · '침략적'이라고 하는 수식어를 붙여버리려고 하는 경향이 있다. 이러한 현상을 극복하기 위해서는 먼저 객관적이고 학문적인 관점으로부터 객관적 실태를 명확하게 파악할 필요가 있다. 그와 더불어 '신국'을 소재로 하여 새로운 견해나 국적을 초월한 지적이고 생산적인 논의를 할 수 있었으면 한다. 나는 이 책의 집필을 통해서 '신국'이 감정을 자아내는 대립의 장이 아니라 아카데믹한 대화의 장이 되기를 간절히 바란다.

내가 이러한 관점으로 신국을 파악하려고 하는 것은 어떤 사상을 특정한 영역으로 끌어들이는 것이 아니라 항상 포괄적인 사상세계 전반에서 정립되어야 한다는 것을 가르쳐 준 이시다 이치로(石田一良) 씨를 비롯하여 도호쿠대학(東北大学)의 일본사상사 연구실의 자유로운 학풍이 크게 작용하였다고 생각한다. 또 평소에 접하게 되는 선배 학자들에게 신도를 '일본적'이라고 하는 고정 관념을 탈피시키려는 연구를 하는 타카하시 미유키(高橋美由紀) 씨라고 하는 탁월한 학자의 영향도 있다. 참고문헌에도 언급한 타카하시(高橋) 씨의 「중세 신국사상의 일측면(中世神國思想の一側面)」이라고 하는 논문과 그것을 수록한 저서는 신도나 신국사상을 연구하기 위한 필독서이다. 좀 더 깊이 이 문제를 생각해보려고 하는 분은 꼭 한번 읽어보기를 바란다.

그 외에도 이 서적을 집필함에 있어서 수많은 사람들의 연구 성과를 참조하였다. 주요 연구결과물은 '인용 · 참고문헌일람'에 실었지만 그 외에도 학은(学恩)을 입은 연구가 적지 않다. 선행연구자들에게 다시 한 번 감사의 마음을 전하고 싶다.

마지막으로 본 서적을 담당한 치쿠마 쇼보(筑摩書房)의 이토(伊藤) 씨에게 각별한 감사의 말을 전하고 싶다. 원고를 정성스럽게 읽고 편집자의 관점에서 뿐만 아니라 독자의 입장에서 여러 가지 좋은 조언을 해주었다. 이토 씨의 수준 높은 요구를 충족시키기 위해 이 책의 구성을 포함하여 내용에 많은 수정을 하였다. 미숙한 원고에 그 정도로 철저한 수정을 가한 것은 나에게는 지금까지 없었던 좋은 경험이었다.

 아직 부족하지만 이토 씨의 각별한 도움이 없었다면 이 책은 이와 같은 형태로 빛을 볼 수가 없었을 것이다. 마지막 교정을 보면서도 역시 나의 능력 이상의 결과물을 낼 수 있게 해준 우수한 편집자 여러분들께 깊은 감사의 마음을 전하고 싶다.

2006년

사토 히로오

인용·참고문헌 일람

전체에 관계되는 자료

鍛代敏雄,「中世「神國」論の展開」,『栃木私学』17, 2003年.

黒田俊雄,「中世國家と神國思想」,『日本中世の國家と宗教』, 岩波書店, 1975年.

河内祥輔,「中世における神國の理念」,『日本古代の伝承と東アジア』, 吉川弘文館, 1995年.

佐々木馨,「神國思想の中世的展開」,『日本中世思想の基調』, 吉川弘文館, 2005年.

佐藤弘夫,「中世的神國思想の形成」,『神·仏·王権の中世』, 法藏館, 1998年.

白山芳太郎,「神國論形成に関する一考察」,『王権と神祇』, 思文閣出版, 2002年.

高橋美由紀,「中世神國思想の一側面」,『伊勢神道の成立と展開』, 大明堂, 1994年.

田村圓澄,「神國思想の系譜」,『日本仏敎思想史研究浄土敎篇』, 平楽寺書店, 1959年.

長沼賢海,『神國日本』, 敎育研究会, 1943年.

藤田雄二,「近世日本における自民族中心的思考」,『思想』832, 1993年.

山田孝雄,『神皇正統記述義』, 民友社, 1932年.

서장

玉懸博之,「『神皇正統記』の歴史観」,『日本中世思想史研究』, ぺりかん社, 1998年.

成沢光,「<辺土小國>の日本」,『政治のことば』, 平凡社選書, 1984年.

古川哲史,「神國思想の形成と展開」,『日本思想史講座 中世の思想二』, 雄山閣, 1976年.

三橋正,「古代から中世への神祇信仰の展開」,『平安時代の信仰と宗敎儀礼』, 続群書類従完成会, 2000年.

村井章介,「中世日本の國際意識·序説」,『アジアのなかの中世日本』, 校倉書房, 1988年.

1장

石田一良,「日本古代國家の形成と空間意識の展開」,『東北大学日本文化研究所研究報告』2, 1974年.

梅沢伊勢三, 『記紀論』, 創文社, 1978年.

岡田荘司, 『平安時代の國家と祭祀』, 続群書類従完成会, 1994年.

岡田精司, 『古代祭祀の史的研究』, 塙書房, 1992年.

高橋美由紀, 「伊勢神道の成立とその時代」, 前掲書.

中世諸國一宮制研究会, 『中世諸國一宮制の基礎的研究』, 岩田書院, 2000年.

2장

今堀太逸, 『本地垂迹信仰と念仏』, 法藏館, 1999年.

嵯峨井健, 「鴨社の祝と返祝詞」, 『神主と神人の社会史』, 思文閣出版, 1998年.

佐藤弘夫, 『アマテラスの変貌』, 法藏館, 2000年.

横井靖仁, 「中世成立期の神祇と王権」, 『日本史研究』475, 2002年.

吉原浩人, 「善光寺如来と聖徳太子の消息往返をめぐって」, 『仏教文化研究』49, 2005年.

3장

市川浩史, 『日本中世の歴史意識』, 法藏館, 2005年.

大石直正, 「外が浜·夷島考」, 『日本古代史研究』, 吉川弘文館, 1980年.

黒田日出男, 『龍の棲む日本』, 岩波新書, 2003年.

佐藤眞人, 「平安時代宮廷の神仏隔離」, 『平安時代の神社と祭祀』, 國書刊行会, 1986年.

平雅行, 「神仏と中世文化」, 『日本史講座』4, 東京大学出版会, 2004年.

前田雅之, 『今昔物語集の世界構想』, 笠間書院, 1999年.

村井章介, 「王土王民思想と九世紀の転換」, 『思想』847, 1995年.

*4장

笠松宏至, 『日本中世法史論』, 東京大学出版会, 1979年.

海津一朗, 『神風と惡党の世紀』, 講談社現代新書, 1995年.

黒田俊雄, 「中世における顯密体制の展開」, 『日本中世の國家と宗教』, 岩波書店,
　　　1975年.

坂本賞三,『藤原頼通の時代』, 平凡社, 1991年.

平雅行,『日本中世の社会と仏教』, 塙書房, 1992年.

5장

網野善彦,『異形の王権』, 平凡社, 1986年.

石井 進,「院政時代」,『講座日本史』, 東京大学出版会, 1970年.

折口信夫,「大嘗祭の本義」,『折口信夫全集』三, 中央公論社, 1966年.

佐藤弘夫,「中世の天皇と仏教」,『神・仏・王権の中世』前掲.

益田勝実,「日知りの裔の物語」,『火山列島の思想』, 筑摩書房, 1968年.

종장

神野志隆光,『「日本」とは何か』, 講談社現代新書, 2005年.

曽根原理,『徳川家康神格化への道』, 吉川弘文館, 1996年.

高木昭作,『将軍権力と天皇』, 青木書店, 2003年.

田尻祐一郎,「近世日本の「神國」論」,『正統と異端―天皇・天・神』, 角川書店, 1991年.

西山克,「豊臣『始祖』神話の風景」,『思想』829, 1993年.

野村玄,「徳川家光の國家構想と日光東照宮」,『日本史研究』501, 2005年.

林淳,「近世転換期における宗教変動」,『日本の仏教』四, 1995年.

前田勉,『近世神道と國学』, ぺりかん社, 2002年.

색인

• 서명